제4교시

사회탐구 영역(사회·문화)

| 성명 | | 수험 번호 | | | — | | | 제 [ ] 선택 |

---

1. 밑줄 친 ㉠~㉤과 같은 현상의 일반적 특징에 대한 설명으로 옳은 것은?

> ㉠야생 동물의 도로 횡단으로 인한 교통사고를 줄이기 위한 ㉡새로운 센서 장비가 개발되었다. 열 감지 기능과 동물의 움직임을 분석하는 인공지능이 결합된 이 장비는 도로 주변에 설치되어, ㉢야생 동물이 도로 근처로 접근하면 차량에 경고 신호를 보낸다. 기존의 방법은 단순한 표지판이나 방지 울타리에 불과했지만, 이 장비는 ㉣실시간 반응을 통해 차량 속도를 조절하게 하여 사고 가능성을 줄인다. 앞으로 이 장비는 사슴이나 멧돼지 출몰이 잦은 ㉤산간 고속도로에 시범 설치되어, 운전자와 동물 모두의 안전을 확보하는 데 기여할 것으로 기대된다.

① ㉠과 같은 현상은 확률의 원리가 적용된다.
② ㉡과 같은 현상은 인과 관계가 분명하다.
③ ㉢과 같은 현상은 가치 함축적이다.
④ ㉣과 같은 현상은 경험적 자료를 통한 연구가 불가능하다.
⑤ ㉤과 같은 현상은 개연성의 원리가 적용된다.

2. 다음 자료에 대한 옳은 설명만을 <보기>에서 있는 대로 고른 것은? (단, A, B는 각각 사회 명목론, 사회 실재론 중 하나임.)

<서술형 평가>

※ 제시된 '대답'에 맞게 빈칸을 채워 질문을 완성하시오.

대답	대답에 맞는 질문	채점 결과
예	A는 B와 달리 (가) 라고 (고) 보는가?	㉠
아니요	B는 A와 달리 공익보다 개인의 이익을 중시해야 한다 라고(고) 보는가?	1점

* 교사는 완성된 질문별로 채점하고 제시된 대답에 맞게 질문을 완성한 경우는 1점, 틀린 경우는 0점임.

<보 기>

ㄱ. A는 B와 달리 개인의 발전이 곧 사회의 발전이라고 본다.
ㄴ. (가)에 '사익의 총합이 곧 공익의 총합이'가 들어간다면, ㉠에 들어갈 것은 '1점'이다.
ㄷ. ㉠에 '0점'이 들어간다면, '사회는 구성원들에게 외재성을 갖는다'는 (가)에 들어갈 수 없다.

① ㄱ ② ㄴ ③ ㄱ, ㄴ ④ ㄴ, ㄷ ⑤ ㄱ, ㄴ, ㄷ

3. 밑줄 친 ㉠~㉣에 대한 설명으로 옳은 것은?

> 어릴 때부터 예술에 관심이 많았던 갑은 ㉠안정적인 삶보다는 창작의 자유를 좇아 무용수의 길을 선택하였다. ㉡독립 무용단에서 활동하며 이름을 알리던 중, 갑은 ㉢해외 콩쿠르에서 수상함에 따라 ㉣국립 예술단 입단 제안을 받았다. 갑은 ㉤예술단의 명성과 입단에 따른 지원 혜택에 마음이 끌리면서도, ㉥입단 이후 마주하게 될 창작적 제약을 우려해 ㉦입단 여부를 놓고 깊이 고민하고 있다.

① ㉠은 갑의 역할 행동이다.
② ㉣은 ㉡과 ㉢에 따른 보상이다.
③ ㉤으로 인해 국립 예술단은 갑의 내집단이 되었다.
④ ㉥은 갑의 역할 행동에 대한 제재이다.
⑤ ㉦은 갑의 역할 갈등이다.

---

4. 자료 수집 방법 A~E에 대한 설명으로 옳은 것은? (단, A~E는 각각 질문지법, 면접법, 실험법, 참여 관찰법, 문헌 연구법 중 하나임.) [3점]

> 교사: 자료 수집 방법 5가지를 모둠별로 서로 다르게 한 가지씩 배정하였습니다. 각 모둠은 배정받은 자료 수집 방법이 활용된 사례를 발표해 봅시다.
> <1 모둠> 대학생의 비대면 수업 적응 과정을 연구하기 위해 대학생 5명과 심층적인 대화를 나눈 것은 A가 활용된 사례입니다.
> <2 모둠> 청소년의 학교 생활 만족도 조사를 위해 연구 기관이 발행한 설문 조사 자료집을 분석한 것은 B가 활용된 사례입니다.
> <3 모둠> 생산성에 대한 조명의 영향을 알아보기 위해 두 집단이 다른 밝기의 조명에서 작업하게 한 것은 C가 활용된 사례입니다.
> <4 모둠> 소방관의 직업 환경을 알아보기 위해 1달간 소방서에 방문하여 소방관들과 같이 생활한 것은 D가 활용된 사례입니다.
> <5 모둠> 유치원 교사의 직업 만족도 조사를 위해 그들을 대상으로 설문 조사를 진행하는 것은 E가 활용된 사례입니다.
> 학생: 선생님, <2 모둠>의 발표 사례는 A가 활용된 것이 아닌가요?
> 교사: 맞습니다. 그리고 <2 모둠>이 배정받은 자료 수집 방법이 활용된 사례는 <4 모둠>이 발표했네요. <3 모둠>을 제외한 모든 모둠이 옳지 않게 발표했습니다.

① A는 2차 자료의 수집에 주로 활용된다.
② B는 자료 수집 과정에서 구조화된 도구의 사용이 필수적이다.
③ C는 연구 대상자와의 언어적 상호 작용이 필수적이다.
④ D는 실제성이 높은 자료의 수집에 적합하다.
⑤ E는 자료 수집 과정에서 시·공간적 제약이 상대적으로 적다.

5. 다음 자료에 대한 설명으로 옳은 것은? [3점]

> 갑은 고등학생의 디지털 기기 사용 시간과 집중력 수준 간의 관계를 파악하고자 하였다. 이를 위해 △△ 고등학교에 재학 중인 학생 200명을 대상으로 표준화된 질문지를 통해 1일 평균 스마트폰 사용 시간과 주관적인 집중력 수준에 대한 자료를 수집한 뒤, 집중력 수준을 기준으로 상위 100명(A 집단)과 하위 100명(B 집단)으로 구분하여 디지털 기기 사용 시간을 분석하였다. 그 결과 ㉠A 집단의 디지털 기기 사용 시간이 B 집단의 디지털 기기 사용 시간보다 유의미하게 낮았다.
> 을은 자신이 개발한 디지털 기기 사용 제한 프로그램이 고등학생의 집중력 향상에 효과가 있을 것이라 판단하고 이를 검증하기 위해 다음과 같은 연구를 진행하였다. 그는 갑의 연구를 참고해 그의 연구에서 B 집단에 분류되었던 학생들을 무작위로 50명씩 C 집단과 D 집단으로 나눈 뒤, 4주간 C 집단에게는 기존의 디지털 기기 사용 제한 프로그램을, D 집단에게는 자신이 개발한 디지털 기기 사용 제한 프로그램을 적용하였다. 4주 후, 을은 갑이 사용한 것과 동일한 측정 도구로 C 집단과 D 집단의 집중력 수준을 다시 측정하였고, 그 결과 ㉡집중력 수준의 상승폭은 C 집단이 D 집단보다 더 큰 것으로 나타났으며, 이는 통계적으로 유의미하였다.

① ㉠은 '집중력 수준은 디지털 기기 사용 시간에 부(-)의 영향을 미칠 것이다.'를 지지한다.
② 을은 그의 연구에서 사전 검사를 시행하였다.
③ 갑과 을은 모두 2차 자료를 활용하지 않았다.
④ 을은 그의 연구에서 개념의 조작적 정의를 시행하지 않았다.
⑤ ㉡은 '을이 개발한 디지털 기기 사용 제한 프로그램은 고등학생의 집중력 향상에 효과가 없을 것이다.'를 지지한다.

사회·문화

6. 사회·문화 현상을 바라보는 갑~병의 관점에 대한 설명으로 옳은 것은?

> 사회자: 영상 불법 복제가 성행하는 현상에 대해서 자신의 의견을 말씀해 주세요.
> 갑: 현재의 영상 시장은 철저히 많은 자본을 소유한 사람에게 유리하게 구성되어 있습니다. 이러한 구조 속에서 영상의 불법 복제는 컨텐츠 소비 기회의 동등한 보장을 위해 필연적으로 나타난 결과이죠.
> 을: 특정 개인이 영상을 합법적으로 구매해 이용하는지, 또는 불법적으로 복제해 이용하는지는 온전히 개인의 선택에 달려 있습니다. 그리고 이는 각자가 공유하는 준법 의식의 정도에 따라 좌우되죠.
> 병: 영상의 불법 복제는 정상적으로 운영되던 시장이 제 기능을 하지 못하게 하는 병폐입니다. 전체 사회의 조화와 균형을 위해서는 반드시 뿌리 뽑아야 하는 악습이죠.

① 갑의 관점은 사회 불평등 현상이 불가피하다고 본다.
② 을의 관점은 사회 각 요소 간의 기능적 의존 관계를 중시한다.
③ 병의 관점은 행위자의 능동성과 자율성을 중시한다.
④ 갑의 관점은 을의 관점과 달리 사회는 스스로 균형을 유지하려는 속성을 지닌다고 본다.
⑤ 을의 관점은 병의 관점과 달리 개인을 행위와 상황에 주관적인 의미를 부여하는 주체라고 본다.

7. 갑~병이 속해 있는 사회 집단 및 사회 조직에 대한 진술로 옳은 것은? [3점]

> 조교: ○○대학교 학우 여러분들은 하교 후 어떤 활동을 할 예정인가요?
> 갑: 제가 국장으로 있는 총학생회 회의에 병과 함께 참석한 후, 운동을 하러 헬스장에 갈 예정입니다.
> 을: 일주일 뒤 공연인 대학 밴드부 연습을 마친 후, 가족과 식사하러 집으로 갈 예정입니다.
> 병: 을과 같이 경영 대학원 조교 오리엔테이션에 참석한 후, 게임을 하러 PC방에 갈 예정입니다.

① 갑이 속해 있는 공식적 사회화 기관은 2개이다.
② 속해 있는 사회 집단의 개수는 을이 병보다 1개 많다.
③ 병이 속해 있는 2차적 사회화 기관은 2개이다.
④ 갑이 속해 있는 이익 사회의 개수는 병이 속해 있는 비공식적 사회화 기관의 개수와 같다.
⑤ 을이 속해 있는 비공식 조직의 개수는 갑과 병이 함께 속해 있는 사회 집단의 개수와 같다.

8. 다음 글에서 필자가 강조하는 세계화의 이점으로 가장 적절한 것은?

> 세계화가 본격적으로 이루어지기 전에는 한 나라에서 개발된 기술이 다른 나라로 전파되기까지 매우 오랜 시간이 걸렸다. 그러나 인터넷과 글로벌 네트워크가 크게 활성화된 오늘날에는 이전과는 비할 수 없이 빠른 속도로 전파가 이루어진다. 과학 논문, 특허, 온라인 강의와 같은 지식 자원은 국경을 넘어 유통되며, 한 국가에서 개발된 기술은 타 국가로 전달되어 새로운 응용 기술로 발전하곤 한다. 그리고 이러한 확산은 다양한 나라가 동등한 출발선에서 혁신을 시도할 수 있는 기반이 되고, 궁극적으로 기술과 지식이 세계적으로 순환하여 어느 한 국가만이 아닌 인류 공동의 발전이 이루어질 수 있도록 하는 동력이 된다.

① 다양한 프로그램으로 인해 교육 기회가 확대된다.
② 국경으로 인한 교류 측면에서의 장벽이 약화된다.
③ 전 세계적인 정보에 대한 접근성이 크게 증대된다.
④ 국제 분업 체계가 정책되면서 생산의 효율성이 증가한다.
⑤ 전 지구적인 균등 성장이 이루어질 수 있는 토대가 된다.

9. 다음은 일탈 이론 A~D 관련 질문에 대한 학생들이 답변과 교사의 채점 결과이다. 이에 대한 설명으로 옳은 것은? (단, A~D는 각각 뒤르켐의 아노미 이론, 머튼의 아노미 이론, 낙인 이론, 차별 교제 이론 중 하나임.) [3점]

배점	질문	답변		
		갑	을	병
1점	A는 D와 달리 문화적 목표와 제도적 수단 간 괴리가 일탈의 원인이라고 보는가?	아니요	아니요	예
2점	(가)	예	예	아니요
2점	B는 C와 달리 일탈이 주변 사람으로부터 학습되는 과정에 주목하는가?	㉠	예	아니요
3점	B, C는 A, D와 달리 타인과의 상호 작용이 일탈에 미치는 영향을 강조하는가?	예	아니요	예
점수		4점	3점	5점

* 교사는 각 질문별로 채점하고, 답변이 맞을 때마다 해당 답변의 배점만큼을 학생에게 부여함.

① ㉠에 들어갈 것은 '예'이다.
② 'B는 D와 달리 일탈에 대한 대책으로 새로운 규범의 정립을 강조하는가?'는 (가)에 들어갈 수 있다.
③ 불법 도박을 하는 친구에게 배워 불법 도박을 저지르는 경우는 B가 아닌 A의 사례이다.
④ 범죄자라는 부정적인 평판으로 인해 자포자기해 범죄를 다시 저지르는 경우는 C가 아닌 B의 사례이다.
⑤ 이직한 회사에서 높은 자리에 가고 싶어 원래 회사의 기밀을 빼돌리는 경우는 D가 아닌 C의 사례이다.

10. 다음 자료에 대한 분석으로 옳은 것은? [3점]

> 다음은 □□국 시기별 계층 구성의 비와 연령이 50대인 갑~무의 사회 이동 결과를 세대 간 이동과 세대 내 이동으로 구분하여 나타낸 것이다. 단, 세대 간 이동은 부모 계층과 본인의 현재 계층 비교로, 세대 내 이동은 본인의 25년 전 계층과 현재 계층 비교로 판단한다. A~C는 각각 상층, 중층, 하층 중 하나이다.
>
> <자료 1> 시기별 계층 구성의 비
>
> | 구분 | t-50년 | t-25년 | t년 |
> |---|---|---|---|
> | $\dfrac{B}{C-A}$ | 1 | 1 | 5 |
> | $\dfrac{A}{C}$ | $\dfrac{1}{5}$ | $\dfrac{3}{5}$ | $\dfrac{2}{3}$ |
>
> <자료 2> 갑~무의 사회 이동 결과
>
> | 구분 | | 부모 계층 (t-50년) | | |
> |---|---|---|---|---|
> | | | A | B | C |
> | 본인의 현재 계층 (t년) | A | 을 | | 정 |
> | | B | 갑 | | 무 |
> | | C | | 병 | |
>
> | 구분 | | 본인의 25년 전 계층(t-25년) | | |
> |---|---|---|---|---|
> | | | A | B | C |
> | 본인의 현재 계층 (t년) | A | 정 | | 을 |
> | | B | 무 | 갑 | |
> | | C | 병 | | |
>
> * t-50년의 계층 구조는 피라미드형 계층 구조임.

① t년은 t-25년과 달리 모래시계형 계층 구조이다.
② t-50년의 중층 비율은 t년의 상층 비율과 같다.
③ 갑은 세대 간 하강 이동을, 을은 세대 내 하강 이동을 하였다.
④ 병은 세대 간 하강 이동과 세대 내 상승 이동을 하였다.
⑤ 정은 세대 간 상승 이동을, 무는 세대 내 하강 이동을 하였다.

11. 갑~병의 문화 이해 태도에 대한 설명으로 옳은 것은?

> 갑: A국 사람들은 손님이 확실하게 거절 의사를 표하지 않는 한 음식을 여러 번 권해. 우리는 상호 간 정을 바탕으로 한 A국의 이런 문화를 본받을 필요가 있어.
> 을: 그걸 과연 정을 바탕으로 한 문화라고 할 수 있을까? 확실하게 승낙 의사를 밝히지 않으면 거절의 의사로 받아들이는 우리의 문화가 훨씬 우수한 것으로 봐야 해.
> 병: A국의 문화도, 우리의 문화도 모두 의미가 있어. 중요한 것은 어떤 문화가 우수하느냐가 아니라, 어떤 문화가 왜 생겼는지 맥락을 보는 것이라고 할 수 있지.

① 갑의 태도는 문화 제국주의로 나아갈 수 있다는 비판을 받는다.
② 을의 태도는 자국의 문화 정체성을 약화한다는 비판을 받는다.
③ 병의 태도는 문화의 다양성을 저해할 수 있다는 비판을 받는다.
④ 갑의 태도는 을의 태도와 달리 특정 문화를 기준으로 문화 간 우열을 가린다는 비판을 받는다.
⑤ 을의 태도는 병의 태도와 달리 타문화와의 마찰을 초래할 가능성이 크다는 비판을 받는다.

12. 다음 글에서 비판하는 사회 변동의 방향을 바라보는 이론에 대한 옳은 설명만을 <보기>에서 고른 것은?

> 역사와 사회는 일정한 길을 반복적으로 걸어 나가며 변동한다고 보는 관점이 존재한다. 하지만 해당 관점은 사회는 생명체가 자연선택과 적자생존의 과정을 거쳐 환경에 적응해 나가듯 마주하는 위기에 적응해 나가 궁극적으로 발전한다는 사실을 간과한 것이다. 인간 사회의 역사에서 나타나는 기술의 발전, 인권 개념의 확대, 민주주의의 정착 등의 사실은 이를 뒷받침해주는 매우 강력한 증거이다.

― <보 기> ―
ㄱ. 서구 중심적 사고라는 비판을 받는다.
ㄴ. 사회 변동에 일정한 방향이 있다고 본다.
ㄷ. 운명론적 관점에서 사회 변동을 설명한다.
ㄹ. 사회 변동을 동일한 과정의 주기적 반복으로 설명한다.

① ㄱ, ㄴ   ② ㄱ, ㄷ   ③ ㄴ, ㄷ   ④ ㄴ, ㄹ   ⑤ ㄷ, ㄹ

13. 밑줄 친 ㉠, ㉡에 대한 설명으로 옳은 것은? [3점]

> · 대도시 중심가에서 밤늦은 시간까지 이어지는 소음이 주민들의 수면과 건강에 악영향을 미친다는 문제의식에서 시작된 ㉠'조용한 밤' 운동은 야간 소음 실태를 측정하고 데이터를 시청에 제출하는 프로젝트의 형태로 진행되었다. 또한 SNS 상에서의 '조용한 우리 동네' 인증샷 챌린지를 통한 홍보 역시 진행되었으며, 이러한 활동은 일부 지방 자치 단체에서 '심야 소음 제한 구역'을 설정하는 결과를 낳았다.
> · 끊임없는 알림과 온라인 접속으로 피로감을 호소하는 시민이 늘어남에 따라 시작된 ㉡'디지털 금식의 날' 운동은 IT 업계 종사자들과 청년 심리학 연구자들이 주축이 되어 매달 첫째 주 토요일 하루 동안 스마트폰과 SNS 사용을 멈추는 형태로 진행되었다. 운동 참가자들은 디지털 기기를 끈 채 오프라인 모임, 독서, 산책 등으로 시간을 보내며 그 경험을 익명 설문으로 상호 간에 공유하였다.

― <보 기> ―
ㄱ. ㉠은 ㉡과 달리 대중 매체의 활용을 통해 불특정 다수의 참여를 유도한 사회 운동이다.
ㄴ. ㉠은 ㉡과 달리 시민들의 자발성에 기초한 사회 운동이다.
ㄷ. ㉡은 ㉠과 달리 정보화에 따른 문제를 해결하고자 하는 사회 운동이다.
ㄹ. ㉡은 ㉠과 달리 제도적 지원의 확보를 목적으로 한 사회 운동이다.

① ㄱ, ㄴ   ② ㄱ, ㄷ   ③ ㄴ, ㄷ   ④ ㄴ, ㄹ   ⑤ ㄷ, ㄹ

14. 다음 자료에 대한 설명으로 옳은 것은? [3점]

<모둠 과제>
· 모둠원별로 서로 다르게 한 가지씩 배정받은 각 문화의 속성이 부각되는 사례를 작성하시오.

<과제 수행 결과>

학생	문화의 속성	해당 속성이 부각된 사례
갑	㉠	우리나라 사람이라면 누구나 식사할 때 수저를 사용하는 것을 당연히 여긴다.
을	㉡	외국에서 건너온 유학생은 해당 국가의 국민과 교류하며 그 국가의 문화를 배우게 된다.
병	㉢	예전에는 혈액형으로 성격을 파악했지만, 요즘은 MBTI를 통해 성격을 파악한다.
정	공유성	(가)
무	전체성	(나)

<평가 결과>
· A와 정, 을과 B가 작성한 사례가 각각 서로 뒤바뀌어야 모든 모둠원이 옳게 과제를 수행한 것이 됨.

① A는 갑, B는 무이다.
② ㉠은 ㉡과 달리 문화가 세대 간 전승을 통해 더욱 복잡해지고 풍부해지는 것임을 의미한다.
③ ㉡은 ㉢과 달리 문화가 타인과의 상호 작용을 통한 후천적 학습에 의해 향유되는 것임을 의미한다.
④ '내비게이션 등장 이후 운전할 때 종이 지도로 길을 찾는 사람들은 거의 사라졌다.'는 (가)에 들어갈 수 있다.
⑤ '냉장고는 초기의 형태에 얼음, 김치 저장 기능 등이 추가되며 더욱 발전해 나갔다.'는 (나)에 들어갈 수 있다.

15. 다음 자료에 대한 분석으로 옳은 것은? (단, (가), (나)는 각각 사회 보험, 공공 부조 중 하나임.) [3점]

<자료 1> 갑국의 사회 보장 제도
(가) 노동자와 사업주가 공동으로 부담하는 기금에서 실업자의 생계 보장 및 고용 안정을 위해 급여를 제공하는 제도
(나) 소득 인정액이 일정 수준 이하인 65세 이상 노인에게 연금을 지급하여 안정적인 생계 유지를 지원하는 제도

<자료 2> 갑국의 지역별 (가), (나) 수급자 현황
(단위 : %)

구분	A 지역	B 지역	C 지역
(가) 수급자 중 (나) 수급자 비율	20	16	25
(나) 수급자 중 (가) 수급자 비율	50	40	50
비(非)수급자 비율	70	38	50

*A~C 지역의 (가)와 (나) 중복 수급자 수는 모두 동일함.

① 사전 예방적 성격이 강한 제도에만 해당하는 A 지역 수급자 수는 B 지역 수급자 수보다 적다.
② 사후 처방적 성격이 강한 제도에만 해당하는 B 지역 수급자 수는 C 지역 수급자 수보다 적다.
③ 상호 부조의 원리가 적용되는 제도의 C 지역 수급자 수는 선별적 복지의 원칙이 적용되는 제도의 A 지역 수급자 수보다 적다.
④ 사회 보험에 해당하는 제도에만 해당하는 A 지역 수급자 비율은 공공 부조에 해당하는 제도의 B 지역 수급자 비율보다 낮다.
⑤ (가), (나) 중 한 가지 제도에만 해당하는 수급자 수는 A~C 지역 중 B 지역이 가장 많고, A 지역이 가장 적다.

16. 다음 글에서 나타난 갑국의 '거리 그래피티'에 대한 옳은 설명만을 <보기>에서 있는 대로 고른 것은?

갑국의 거리 그래피티 문화는 초기에는 예술로 인정받지 못한 채 낙서나 기물 훼손으로 간주되었다. 1980년대 초반 도시 빈민가의 청년들 사이에서 시작된 그래피티는 정치적 불만, 사회적 소외 등을 주제로 삼았으며, 당시 공공기관과 언론은 이를 반사회적 행위로 간주하고 단속을 강화하였다. 그러나 1990년대 이후 그래피티는 그 특유의 독창적 미학과 메시지 전달력으로 주목받기 시작했고, 미술관 전시나 광고 캠페인 등에 활용되며 대중적 예술로 편입되었다. 대기업들은 그래피티 스타일을 상품 디자인에 적용하기 시작했으며, 누구나 거리 그래피티 스타일 제품을 일상에서 쉽게 접하게 되었다. 그러나 해당 아티스트들은 이러한 흐름을 상업적 타협으로 비판하며 다시 거리로 돌아가 실험적인 작업에 집중하였고, 그 결과 2000년대 들어 거리 그래피티는 다시 소수의 예술가들과 열성 지지자들 사이에서만 공유되는 문화가 되었다.

<보 기>

ㄱ. 1980년대에 반문화였다.
ㄴ. 1990년대에 주류 문화였다.
ㄷ. 2000년대 이후 일탈 문화의 성격을 가지게 되었다.
ㄹ. 예술의 상업화를 비판하는 형태로 관련 활동이 이루어졌다.

① ㄱ, ㄴ　　　② ㄴ, ㄷ　　　③ ㄷ, ㄹ
④ ㄱ, ㄴ, ㄹ　　　⑤ ㄴ, ㄷ, ㄹ

17. A, B의 일반적인 특징에 대한 옳은 설명만을 <보기>에서 고른 것은? (단, A, B는 각각 관료제, 탈관료제 중 하나임.)

○○ 출판사는 명확히 정해진 권한과 책임 속에서 위계 구조를 명시화하고, 책의 출간 공정 등을 표준화하여 관리하는 A로 운영하였다. 그러나 최근 경직된 작업 구조로 인한 효율성 저하의 문제가 증대되자 ○○ 출판사는 수평적인 의사 결정 구조를 채택하고 업무에 따라 부서를 유동적으로 개설하고 또 폐지하는 등 B를 도입하여 회사의 업무 효율성 강화와 이윤 증대를 꾀하고 있다.

<보 기>

ㄱ. A는 B에 비해 업무 수행 과정의 예측 가능성이 낮다.
ㄴ. A는 B에 비해 목적 전치 현상이 나타날 가능성이 높다.
ㄷ. B는 A에 비해 중간 관리층의 비중이 낮다.
ㄹ. B는 A에 비해 경력에 따른 보상을 중시한다.

① ㄱ, ㄴ　② ㄱ, ㄷ　③ ㄴ, ㄷ　④ ㄴ, ㄹ　⑤ ㄷ, ㄹ

18. 사회적 소수자 A~C에 대한 설명으로 옳은 것은?

A는 갑국에서 지체장애인으로 태어나 갖은 차별을 받았다. 대학 졸업 후 A는 지역 할당제가 적용되는 기업에 입사하였으나 여성이라는 이유로 승진 명단에서 매번 누락되었다. 그러던 중 A는 지인의 소개로 을국 출신 이주민 B와 만나게 되었고, 타국 출신이라는 이유로 계속해서 취업에 실패하던 그의 사연에 공감하여 주에 한 번 그의 이력서를 검토해 주는 등 도움을 제공해 주었다. 그러던 중 두 사람은 온라인 채팅을 통해 자신의 성 정체성을 공개한 이후 가족과의 갈등으로 어린 나이에 독립한 성소수자 청년 C를 알게 되었고, B와 C는 A의 도움으로 취업을 위한 스터디를 진행하게 되었다.

① A와 달리 B는 한 사회 내에서 여러 사회적 소수자 집단에 중첩되어 속해 있다.
② C는 신체적 특징을 이유로 사회적 차별을 받았다.
③ B, C와 달리 A는 사회적 소수자의 불리한 위치를 개선하기 위한 정책의 적용을 받았다.
④ B는 A와 달리 후천적 요인으로 인해 차별을 받았다.
⑤ C는 A, B와 달리 주류 집단이 아니라는 이유로 차별을 받았다.

19. 다음 사례에 나타난 문화 변동에 대한 설명으로 옳은 것은? [3점]

<시기별 갑~병국의 문화 변동 사례>

시기	문화 변동
A	갑국에서는 을국의 한 세계적인 가수 이야기를 다룬 영화가 크게 히트하였으며, 해당 가수를 존경하던 갑국의 가수들은 영화 방영을 계기로 창법과 곡풍 등에서 그의 스타일을 모방하기 시작했다. 그들 중 일부는 월드 투어를 진행하며 병국에서도 공연을 진행하였으나, 해당 공연들은 모두 큰 인기를 얻지 못했다.
B	을국 사람들은 음식을 만들 때 앞치마를 두르는 자국의 전통에서 영감을 얻어 청결 유지를 위한 다양한 용품을 개발하였다. 해당 물품들은 전 세계를 순회하며 무역을 진행하던 갑국의 한 상인에 의해 갑국과 병국에도 전파되어 향유되었으며, 특히 청결을 신경쓰지 않던 병국의 유전적 행태가 사라지게 하였다.
C	병국 선교사들은 갑국에 방문하여 자국의 전통 종교를 전파하려는 시도를 하였으나, 오히려 갑국의 종교에 감화되어 귀국한 뒤 자국과 갑국의 종교를 혼합한 새로운 종교를 만들어 전파하였다. 이를 본 을국 선교사들은 자국의 종교를 전파하고자 갑국에 방문하였으나, 이교도로 규정되어 배척당해 갑국을 떠났디.

① A 시기 갑국에서는 병국과 달리 간접 전파로 인한 문화 공존이 나타났다.
② B 시기 병국에서는 을국과 달리 직접 전파로 인한 문화 동화가 나타났다.
③ C 시기 갑국에서는 병국과 달리 강제적 문화 접변이 나타났다.
④ B 시기에는 A 시기와 달리 자극 전파가 발생한 양상이 나타난다.
⑤ C 시기에는 A 시기와 달리 문화 융합이 발생한 양상이 나타난다.

20. 다음 자료에 대한 분석으로 옳은 것은? [3점]

갑국에서 t년의 노년 부양비 대비 유소년 부양비의 비율은 t+60년의 유소년 부양비 대비 노년 부양비의 비율과 같다. 부양 인구는 t+30년과 t+60년이 t년의 2배이고, 전체 인구 대비 부양 인구의 비율은 t년과 t+60년이 50%로 t+30년의 0.75배이고, t+30년의 노령화 지수는 100이다. 전체 인구 대비 노년 인구의 비율은 t년이 t+30년의 1.2배이다.

$$\text{유소년 부양비} = \frac{\text{유소년 인구}(0\sim14\text{세 인구})}{\text{부양 인구}(15\sim64\text{세 인구})} \times 100$$

$$\text{** 노년 부양비} = \frac{\text{노년 인구}(65\text{세 이상 인구})}{\text{부양 인구}(15\sim64\text{세 인구})} \times 100$$

$$\text{*** 노령화 지수} = \frac{\text{노년 인구}(65\text{세 이상 인구})}{\text{유소년 인구}(0\sim14\text{세 인구})} \times 100$$

**** 피부양 인구 = 노년 인구 + 유소년 인구

① t년의 유소년 인구는 t+30년의 노년 인구와 같다.
② t+30년의 부양 인구는 t+60년의 피부양 인구와 같다.
③ 유소년 부양비는 t+30년이 t+60년보다 크다.
④ 노령화 지수는 t+60년이 t년의 2배이다.
⑤ 노년 부양비는 t+30년이 t년보다 크다.

* 확인 사항

○ 답안지의 해당란에 필요한 내용을 정확히 기입(표기)했는지 확인하시오.

제4교시　# 사회탐구 영역(사회·문화)

성명 [　　　]　수험 번호 [　|　|　|　|　—　|　|　|　] 　제 〔　〕선택

---

1. 밑줄 친 ㉠~㉤과 같은 현상의 일반적 특징에 대한 설명으로 옳은 것은?

> 　남아시아의 한 내륙 국가에서 ㉠극단적인 고온이 지속된 후 예상치 못한 폭우가 내렸다. 이 지역은 ㉡일반적으로 건조한 기후로 유명했지만, 최근 기후 변화로 인해 이러한 ㉢비정상적인 날씨 패턴이 나타난 것이다. 24시간 내 쏟아진 200mm 이상의 비는 많은 지역을 침수시켰으며, 세계 기상 기구(WMO)는 이러한 ㉣이상 기후 현상이 앞으로 더 빈번해질 것이라고 경고하고 있다. 그러나 해당 국가는 부실한 기상 예측 시스템을 갖추고 있어 기후의 변화에 효과적으로 대응할 능력이 부족해, 추후 이와 같은 ㉤기상 이변이 발생한다면 농업에 큰 타격을 받아 식량 불안정과 경제적 어려움에 직면할 가능성이 크다.

① ㉠과 같은 현상은 가치 함축적이다.
② ㉡과 같은 현상은 확실성의 원리를 따른다.
③ ㉢과 같은 현상은 인간의 가치가 개입되어 나타난다.
④ ㉣과 같은 현상은 존재 법칙으로 설명된다.
⑤ ㉤과 같은 현상은 필연성의 원리를 따른다.

2. 다음 글에서 개인과 사회의 관계를 바라보는 필자의 관점에 대한 옳은 설명만을 <보기>에서 고른 것은?

> 　개인이 형성해 나가는 인간관계는 그들이 사회로부터 부여받는 위치나 역할로 인해 사전에 결정되었다고 보는 인식이 있다. 그러나 이는 인간관계를 구성하는 본질적인 상호작용은 개인과 개인 그 사이에서 이루어지는 것이며, 그들이 부여받는 위치나 역할은 이러한 상호작용으로부터 유래되어 나온다는 사실을 간과한 것이다. 결국 인간관계의 형성과 유지는 각 개인이 처한 상황에 따라 상대적으로 이루어지는 것이다.

<보 기>

ㄱ. 사회의 속성을 개인의 속성으로 환원할 수 있다고 본다.
ㄴ. 개인의 자유 의지가 사회의 구속력보다 우위에 있다고 본다.
ㄷ. 사회를 개인의 외부에 존재하는 독자적인 실체라고 본다.
ㄹ. 사회가 개인에 대하여 외재성을 갖는다고 본다.

① ㄱ, ㄴ　② ㄱ, ㄷ　③ ㄴ, ㄷ　④ ㄴ, ㄹ　⑤ ㄷ, ㄹ

3. 자료 수집 방법 A~C의 일반적인 특징에 대한 설명으로 옳은 것은? [3점]

> · 갑은 A와 B를 활용하여 탈북 청소년의 삶의 경험에 대한 연구를 진행하였다. 갑은 ×× 고등학교에 재학 중인 탈북 청소년 5명과 남한 사회에 들어오기 직전의 상황과 들어온 이후 겪었던 어려움에 대한 심층적인 면담을 진행하였다. 이후 해당 청소년들의 학습 활동을 한 학기 동안 참관하며 관찰 일지를 작성하였다.
> · 을은 B와 C를 활용하여 청소년 스트레스의 원인에 관한 연구를 수행하였다. 을은 ○○ 병원에 과도한 스트레스로 인해 내원한 청소년 환자 200명에 대한 설문 조사 기록을 분석하였다. 이후 위 청소년 환자 중 5명과 스트레스를 주제로 심층적인 면담을 진행하였다.

① A는 B와 달리 연구 대상자와의 언어적 상호 작용이 필수적이다.
② C는 B와 달리 2차 자료의 수집에 주로 활용된다.
③ B는 A에 비해 시간과 비용 측면에서 비효율적이다.
④ B는 C에 비해 시간과 장소의 제약으로부터 자유롭다.
⑤ C는 A, B와 달리 구조화·표준화된 자료 수집 방법이다.

4. 사회·문화 현상을 바라보는 갑~병의 관점에 대한 설명으로 옳은 것은?

> 사회자: 최근 숏폼 컨텐츠를 통해 수익 창출을 시도하는 사람들이 많아지는 것에 대해 각자 의견을 제시해 주세요.
> 갑: 숏폼 컨텐츠를 통한 수익 창출을 시도하는 사람은 많지만, 결국 이에 성공하는 사람들은 관련하여 유의미한 능력을 가진 사람들입니다. 각자가 가진 능력을 활용해 보상을 이끌어 낼 수 있는 수단이 한 가지 더 생긴 셈이죠.
> 을: 숏폼 컨텐츠가 새로 등장하면서, 각자가 가진 여유 시간을 이에 소비하기로 결정한 사람들이 많아졌습니다. 그리고 그에 맞추어 관련 컨텐츠를 생산하기로 결정한 것 역시 이를 긍정적으로 보는 각자의 시선에 관련된 것으로 볼 수 있죠.
> 병: 지배 집단이 만들어 놓은 현재의 불공정한 분배 체계 하에서 많은 사람들은 기존의 방식에서 수익을 창출하고 자아실현을 하는 게 불가능해졌습니다. 그리고 그 결과 선택한 도피처가 바로 숏폼 컨텐츠의 생산인 것이죠.

① 갑의 관점은 개인들의 주관적 상황 정의에 초점을 맞춘다.
② 을의 관점은 사회를 유기체에 비유하여 설명한다.
③ 병의 관점은 대립과 갈등을 사회의 본질적 속성으로 본다.
④ 갑의 관점은 을의 관점과 달리 사회 제도가 기득권층에 유리하게 작용한다고 본다.
⑤ 을의 관점은 병의 관점과 달리 거시적 관점에서 사회·문화 현상을 설명한다.

5. 다음 자료에 대한 설명으로 옳은 것은? [3점]

> 　연구자 갑은 여가 활동 정도에 따른 현대인의 주관적 행복감을 파악하기 위해 ㉠가설을 설정하고 연구를 진행하였다. 갑은 ㉡주 5일 직장에 출퇴근하는 성인 1,000명을 대상으로 구조화된 질문지를 활용해 1주일 중 여가 활동을 영위하는 횟수와 주로 영위하는 여가 활동의 종류를 조사한 뒤, 마찬가지로 구조화된 질문지를 활용해 우울감 정도, 생활 만족도에 대해 10점 척도로 조사하였다. 수집한 자료를 통계 프로그램으로 분석한 뒤 갑은 자신이 설정한 가설을 수용하는 설득력 있는 결론을 도출하였다.
> 　한편, 연구자 을은 현대인의 여가 활동 감소 현상의 원인을 파악하기 위해 ㉢가설을 설정하고 연구를 진행하였다. 을은 연구 대상자 선정을 위해 갑의 연구 자료집을 참고한 후 갑의 연구에서 연구 대상자였던 사람 중 20명을 무작위로 초청해 연구 참여에 대한 동의를 얻은 후 그들 중 갑의 연구에서 '여가 활동을 자주 영위하는 사람'으로 분류되었던 사람들을 ㉣A 집단, '여가 활동을 자주 영위하지 않는 사람'의 집단에 분류되었던 사람들을 ㉤B 집단으로 분류하였다. 을은 각 집단에 포함된 사람들을 대상으로 구조화된 질문지를 통해 그들의 주 평균 근무 시간과 여가 활동에 대한 태도, 평균 수면 시간에 대한 정보를 수집하였다. 수집한 자료를 분석한 을은 현대인의 여가 활동 감소 현상의 가장 주된 원인은 여가 활동에 대한 부정적 태도와 평균 수면 시간 상승이라는 정보를 얻었으며, 이에 따라 자신이 설정한 가설을 수용하는 설득력 있는 결론을 도출하였다.

① ㉠에서 독립 변수는 '여가 활동의 여부'이다.
② ㉡은 갑의 연구에서 모집단이다.
③ 갑의 연구에서 독립 변인에 대한 정보는 1차 자료를 통해, 을의 연구에서 종속 변인에 대한 정보는 2차 자료를 통해 수집되었다.
④ ㉣과 ㉤은 모두 실험 집단이다.
⑤ '현대인의 주 평균 근무 시간은 여가 활동의 빈도에 정(+)의 영향을 미칠 것이다.'는 ㉢에 적절하다.

6. 문화의 속성 A~E에 대한 설명으로 옳은 것은? (단, A~E는 각각 공유성, 변동성, 전체성, 축적성, 학습성 중 하나임.) [3점]

> 교사: 지난 시간에는 문화의 속성 A, B에 대한 발표가 있었습니다. 이번 시간에는 문화의 속성 중 나머지 3가지를 학생별로 서로 다르게 한 가지씩 배정했으니 해당 속성이 부각된 사례를 발표해 봅시다.
> 갑: 스마트폰이 보급됨에 따라 MP3를 활용하는 사람의 수가 확연히 줄어든 것은 C가 부각된 사례입니다.
> 을: 성인이 된 사람들이 각종 공적 사무 처리 절차를 다양한 경험을 통해 배워 나가는 것은 D가 부각된 사례입니다.
> 병: 많은 사람들이 활용하는 노트북에 화면 터치 기능, AI 기능 등이 새롭게 추가되어 나가는 것은 E가 부각된 사례입니다.
> 교사: 을은 배정받은 속성이 부각된 사례를 옳게 발표했습니다. 그러나 갑은 MP3를 활용하는 사람의 수가 과거에 비해 줄어들었다는 점에만, 병은 많은 사람들이 노트북을 활용한다는 점에만 매몰되어 옳지 않게 발표했네요. 갑이 발표한 사례에 '부각'된 것은 B, 병이 발표한 사례에 '부각'된 것은 A입니다.

① A는 문화의 각 요소들이 상호 유기적으로 연결되어 있음을 의미하는 속성이다.
② B는 문화가 세대를 전승하며 더욱 풍부해지는 것을 의미하는 속성이다.
③ C는 문화가 경험과 상징을 통해 후천적으로 학습됨을 의미하는 속성이다.
④ D는 시간의 흐름에 따라 기존 문화 요소가 사라지거나 변화하는 것을 의미하는 속성이다.
⑤ E는 문화가 한 사회 구성원이 공통적으로 가지고 있는 생활 양식임을 의미하는 속성이다.

7. 다음 자료에 대한 설명으로 옳은 것은? [3점]

> 사회자: 1,000만원의 상금을 놓고 벌어지는 두뇌 서바이벌! [메모리얼]에 참여하신 참가자 여러분을 모두 진심으로 환영합니다! 본격적인 설명을 시작하기에 앞서, 각자 자기소개를 한 번씩 부탁드려도 될까요?
> 갑: 안녕하세요! ○○ 대학교에 재학 중이고, 총학생회장을 맡고 있는 갑이라고 합니다. 대학 동기 병의 추천으로 이 프로그램의 출연 지원서를 작성하게 되었는데, 저와 병 모두 선발이 될 줄은 꿈에도 몰랐어요.
> 사회자: 매우 높은 경쟁률을 뚫고 선발되신 걸 진심으로 축하드립니다! 나머지 두 분도 소개를 해 주시면 될 것 같은데,,,한 분은 저희 방송국에서 아나운서로 활동 중이지 않으신가요?
> 을: 네! 오늘은 아나운서가 아닌, 참가자로서 여러분께 인사드릴 을이라고 합니다. 방금 소개를 해 주신 갑과는 예전에 러닝 크루에서 얼굴을 본 적이 있는 것 같은데, 지금은 저희 둘 다 활동을 잘 못 하고 있네요 ㅎㅎ 아무쪼록 잘 부탁드립니다!
> 병: 마지막으로 소개를 하게 되었네요 ㅋㅋ ○○대학교를 대표하는 20만 명의 구독자를 보유한 영상 제작 동아리에서 고정 출연진으로 활동 중인 병입니다! 이 프로그램을 보고 계실 분들 중에서 예전에도 제 얼굴을 본 적 있는 분이,,,몇 분이나 계실지는 모르겠네요 ㅎ

① 갑의 소개에 나타난 공식적 사회화 기관의 개수는 을의 소개에 나타난 자발적 결사체의 개수보다 1개 많다.
② 병의 소개에 나타난 이익 사회의 개수는 을이 속해 있는 2차적 사회화 기관의 개수와 같다.
③ 갑이 속해 있는 2차 집단의 개수는 병이 속해 있는 비공식적 사회화 기관의 개수보다 1개 많다.
④ 을이 속해 있는 공식 조직의 개수는 갑과 병이 함께 속해 있는 이익 사회의 개수보다 1개 많다.
⑤ 갑과 을이 함께 속해 있는 자발적 결사체와 갑과 병이 함께 속해 있는 비공식 조직은 모두 존재한다.

8. 다음 두 사례를 종합하여 내린 결론으로 가장 적절한 것은?

> · A 국과 B 국은 모두 ○○ 부족과 ×× 부족으로 이루어져 있는데, A 국은 ○○ 부족이, B 국은 ×× 부족이 집권하고 있다. ×× 부족 출신 갑은 A 국에 거주하며 다양한 차별에 시달리고 있었는데, 이후 B 국으로 이주한 갑은 더 이상 차별에 시달리지 않게 되었다.
> · C 지역과 D 지역에 거주하는 사람들은 크게 □□ 종교를 믿는 사람들과 △△ 종교를 믿는 사람들로 나뉜다. 인구 대부분이 □□ 종교를 믿는 C 지역에서는 해당 종교를 믿는 사람들이 종교뿐만 아니라 정치, 금융 등 다양한 영역에서 주도적인 위치를 잡고 있으나, 인구 대부분이 △△ 종교를 믿는 D 지역에서 □□ 종교를 믿는 사람들은 박해와 차별을 받고 있다.

① 종교에 따른 차별이 민족에 따른 차별보다 강하다.
② 사회적 소수자는 수적으로 열세에 놓인 집단이다.
③ 사회적 소수자는 신체적 차이에 따라 규정된다.
④ 사회적 소수자는 장소나 사회에 따라 상대적으로 규정된다.
⑤ 사회적 소수자 집단 내부에 또 다른 사회적 소수자가 존재한다.

9. 다음 자료에 대한 옳은 설명만을 <보기>에서 고른 것은? (단, A~C는 각각 반문화, 하위문화, 주류 문화 중 하나임.)

> 한 사회의 특정 집단이나 직업, 범주 내에서만 공유하는 생활 양식, 특정 지역 사람들끼리만 입는 전통 복식이나 특정 지역에서만 부르는 노래와 같이 일부 지역에서만 향유되는 생활 양식은 C의 사례에 해당한다. 이와 달리 조선 후기의 천주교 문화는 당시에 C뿐만 아니라 A의 사례에도 해당하고, [(가)]는 B의 사례에 해당한다.

―――――<보 기>―――――

ㄱ. A는 사회의 변화에 따라 B로 변화될 수 있다.
ㄴ. B는 C와 달리 해당 문화를 향유하는 사람들에게 정체성을 형성시킨다.
ㄷ. 우리나라 일부 지역에서만 나타나는 사투리 문화는 A가 아닌 C의 사례에 해당한다.
ㄹ. '우리나라에서 김치를 반찬으로 먹는 음식 문화'는 (가)에 들어갈 수 없다.

① ㄱ, ㄴ   ② ㄱ, ㄷ   ③ ㄴ, ㄷ   ④ ㄴ, ㄹ   ⑤ ㄷ, ㄹ

10. 다음 자료에 대한 분석으로 옳은 것은? [3점]

> 표는 갑국에서 부모 세대와 자녀 세대 간 계층 이동의 결과로 형성된 자녀 세대의 계층 구조를 나타낸 것이다. 부모 세대에서 부부의 계층은 동일하고, 모든 부모의 자녀는 1명씩이다. 계층은 A~C로만 구분되며, A~C는 각각 상층, 중층, 하층 중 하나이다. 단, 부모 세대에서 하층 인구 비율은 상층 인구 비율의 75%이다.
>
> | A | B | C |
> |---|---|---|
> | ■■■□□ | ■■■■■ | ■■■■■■■□□□ |
>
> * 네모(■, ■, □)는 사람의 수를 나타낸 것이며, 네모 한 개가 나타내는 사람의 수는 동일함.
> ** ■는 세대 간 하강 이동을 한 사람, ■는 계층 대물림을 받은 사람, □는 세대 간 상승 이동을 한 사람을 나타냄.

① A는 하층, B는 상층, C는 중층이다.
② 상층 인구 비율은 부모 세대가 자녀 세대보다 낮다.
③ 자녀 세대 계층별 인구 대비 계층 대물림 인구 비율은 상~하층 중 하층에서 가장 낮다.
④ 하층 부모를 둔 중층 자녀 인구는 중층 부모를 둔 상층 자녀 인구의 1.5배이다.
⑤ 세대 간 이동을 한 자녀 인구는 계층을 대물림한 자녀 인구보다 많다.

11. 다음 자료에 대한 설명으로 옳은 것은? (단, A~D는 각각 뒤르켐의 아노미 이론, 머튼의 아노미 이론, 차별 교제 이론, 낙인 이론 중 하나임.) [3점]

질문	일탈 이론별 응답	
	응답 ㉠	응답 ㉡
일탈이 학습의 결과임을 강조하는가?	A, B, D	C
일탈이 발생하는 상호 작용 과정에 주목하는가?	A, D	B, C
일탈의 대책으로 제도적 수단 제공을 강조하는가?	B, C, D	A

① ㉠은 '예', ㉡은 '아니요'이다.
② A는 중상층 계층보다 하층 계층의 범죄를 설명하기 용이하다.
③ B는 급격한 사회 변동으로 인한 규범의 부재 상태에 주목한다.
④ C는 차별적 제재로 인해 일탈이 발생한다고 본다.
⑤ D는 일탈의 대책으로 일탈자와의 접촉 차단을 강조한다.

12. 밑줄 친 ㉠, ㉡에 대한 옳은 설명만을 <보기>에서 고른 것은?

· ㉠미래를 위한 금요일(Fridays for Future) 운동은 2018년 스웨덴의 청소년 활동가 그레타 툰베리가 시작한 운동으로, 학생들이 주축이 되어 금요일마다 기후 변화를 막기 위한 정부의 적극적인 행동을 촉구하는 시위의 형태로 이루어졌다. 이 운동은 전세계적으로 많은 청소년들과 성인들의 참여를 이끌어냈으며, 기후 위기의 심각성을 인지하고 정책 변화를 촉구하는 데 중요한 역할을 하였다.
· ㉡흑인의 생명도 소중하다(Black Lives Matter) 운동은 2013년 미국에서 경찰의 과잉 진압과 인종차별로 인해 흑인이 부당하게 희생된 트레이본 마틴 사건을 계기로 시작되어 2020년 조지 플로이드 사건 이후 전 세계적으로 큰 주목을 받았다. 이 운동은 경찰 개혁, 형사 사법 제도의 개혁과 인종차별에 대한 올바른 인식 함양을 목표로 진행되어 법적 및 제도적 변화를 추구하는 데 중요한 역할을 하였다.

<보 기>

ㄱ. ㉠은 ㉡과 달리 사회 구조의 근본적인 변혁을 급진적으로 추구하는 사회 운동이다.
ㄴ. ㉡은 ㉠과 달리 특정 집단 구성원의 권리 보장을 목표로 하는 사회 운동이다.
ㄷ. ㉠과 ㉡은 모두 경제적 평등을 추구하는 사회 운동이다.
ㄹ. ㉠과 ㉡은 모두 뚜렷한 목표와 이를 달성하기 위한 체계적 조직을 바탕으로 한 사회 운동이다.

① ㄱ, ㄴ　② ㄱ, ㄷ　③ ㄴ, ㄷ　④ ㄴ, ㄹ　⑤ ㄷ, ㄹ

13. 다음 갑의 연구에 대한 옳은 평가만을 <보기>에서 고른 것은?

심리학자인 갑은 스마트폰 사용과 정서적 안정성 간의 관계에 관한 연구를 진행하였다. 갑은 가설을 세운 뒤 연구 참여에 동의한 △△ 대학교에 재학 중인 학생 100명을 대상으로 질문지를 활용해 일일 평균 스마트폰 사용 시간과 스스로가 생각하는 정서적 안정성 정도에 대한 설문 조사를 진행하였다. 질문지에는 조사 대상자의 학과나 학년, 보유한 스마트폰 기종 등 개인 식별이 가능한 정보가 포함되어 있었다. 자료를 분석한 결과 일부 응답이 연구 가설과 일치하지 않는 것으로 나타났고, 갑은 이러한 응답을 설문 조사에 불성실하게 응한 학생들의 것이라고 여겨 자료에서 제외하여 다시 분석한 후 연구 결과를 발표하였다. 이후 갑은 설문 조사 결과가 모두 포함된 논문을 저술하여 학회지에 투고하였다.

<보 기>

ㄱ. 연구 대상자에 대한 익명성을 보장하지 않았다.
ㄴ. 연구 대상자의 자발적 참여를 보장하지 않았다.
ㄷ. 자료 분석 과정에서 자료에 대한 조작이 이루어졌다.
ㄹ. 타인의 저작물을 출처를 표기하지 않은 채 자신의 저작물에 활용하였다.

① ㄱ, ㄴ　② ㄱ, ㄷ　③ ㄴ, ㄷ　④ ㄴ, ㄹ　⑤ ㄷ, ㄹ

14. 다음 자료에 대한 설명으로 옳은 것은? [3점]

갑국의 요리사 A는 자국에서 전통적으로 내려져 온 향신료를 활용한 새로운 조리법을 개발하였고, 이는 곧 갑국의 대표적인 음식 조리법으로 자리 잡았다. 이에 관심을 가진 을국의 식품 기업 B는 갑국 현지에 방문해 직접 해당 조리법을 전수받은 후 을국 현지 특산물에 이를 결합해 새로운 요리를 개발했다. 훗날 B는 병국에서 TV 광고를 통한 마케팅 전략을 먼저 활용하여 자신들이 개발한 요리에 대한 인지도를 확보했으며, 이후 병국 현지 공장에서 해당 요리 식품을 최초로 생산하여 다양한 요리가 경쟁을 펼치던 병국의 시장에 진출했다. 한편 병국에서 유학하고 귀국한 A는 해당 요리로부터 아이디어를 얻어 자신이 개발한 조리법을 개량했으며, 개량된 조리법은 이전에 A가 개발한 조리법을 대체하여 갑국에서 널리 활용되었다.

① 갑국과 을국에서는 발명에 의한 문화 변동이 나타났다.
② 을국과 병국에서는 발견에 의한 문화 변동이 나타났다.
③ 갑국에서는 을국, 병국과 달리 자극 전파에 의한 문화 동화가 나타났다.
④ 을국에서는 갑국, 병국과 달리 직접 전파에 의한 문화 융합이 나타났다.
⑤ 병국에서는 갑국, 을국과 달리 간접 전파에 의한 문화 공존이 나타났다.

15. 다음 자료에 대한 분석으로 옳은 것은? (단, A~C는 각각 사회 보험, 공공 부조, 사회 서비스 중 하나임.) [3점]

<자료 1> 갑국의 사회 보장 제도

A: 사회적 위험을 보험의 방식으로 대처함으로써 국민의 안전한 생활에 필요한 건강과 소득을 보장하는 제도
B: 상담, 재활, 돌봄, 정보의 제공, 관련 시설의 이용 등을 통하여 국민의 삶의 질이 향상되도록 지원하는 제도
C: 생활 유지 능력이 없거나 생활이 어려운 국민의 최저 생활을 보장하고 자립을 지원하는 제도

<자료 2> 갑국의 A~C 수혜자 및 비(非)수혜자 현황

(단위 : %)

구분	A 수혜자	B 수혜자	C 수혜자	3중 수혜자	비(非)수혜자
t년	47	21	39	3	10
t+30년	50	30	26	4	12

* 3중 수혜자 : A, B, C의 혜택을 모두 받는 사람
** 중복 수혜자 : A, B, C 중 2개 이상의 혜택을 받는 사람
*** 비(非)수혜자 : A, B, C 중 어떤 것의 혜택도 받지 않는 사람
**** 갑국의 t년과 t+30년 전체 인구는 같으며, 두 연도 모두에서 중복 수혜자 중 A, B의 혜택을 모두 받는 사람 수와 B, C의 혜택을 모두 받는 사람 수는 3중 수혜자의 2배임.

① t년에 사회 보험의 혜택만을 받는 사람 수는 t+30년에 사회 서비스의 혜택을 받는 사람 수보다 적다.
② t+30년에 공공 부조의 혜택만을 받는 사람 수는 t년의 중복 수혜자 수보다 많다.
③ 중복 수혜자 중 정부 재정으로 비용을 전액 충당하는 것을 원칙으로 하는 제도의 혜택을 받는 사람 수는 t+30년이 t년보다 많다.
④ 중복 수혜자 중 강제 가입의 원칙이 적용되는 제도의 혜택을 받는 사람 수는 t+30년이 t년보다 많다.
⑤ 중복 수혜자 중 민간 부문도 복지 제공에 참여할 수 있는 제도의 혜택을 받는 사람 수는 t+30년이 t년보다 적다.

16. 갑~병의 문화 이해 태도에 대한 설명으로 옳은 것은?

> 교사: A국의 ○○ 축제에 대한 자신의 의견을 이야기해 봅시다.
> 갑: 우리나라의 보편적인 인식은 죽음을 축복의 의미로 받아들이는 A
> 국의 인식에 비해 너무 비관적입니다. 우리나라도 ○○ 축제에서 드
> 러나는 죽음에 대한 새로운 인식을 받아들여야 합니다.
> 을: 죽음은 애도와 추모의 대상이 되어야 하지, 결코 축복의 대상이 될
> 수 없습니다. 죽음을 슬픈 일로 여기는 우리의 관념에 비추어 보았
> 을 때, ○○ 축제는 망자에 대한 예의를 갖추지 못한 행위입니다.
> 병: ○○ 축제는 A국의 종교·문화적인 가치에 근거해 이루어지고 있는
> 것이기에, 우리는 해당 가치를 존중해 ○○ 축제를 망자의 행복한
> 새 삶을 기원하는 그들만의 방법으로 보아야 합니다.

① 갑의 태도는 문화를 평가가 아닌 이해의 대상으로 본다.
② 을의 태도는 국수주의로 변질될 수 있다는 비판을 받는다.
③ 병의 태도는 극단적 문화 상대주의의 입장을 대변하고 있다.
④ 갑, 을의 태도는 병의 태도와 달리 문화를 해당 사회의 맥락에서
　바라보고 있다.
⑤ 을, 병의 태도는 갑의 태도와 달리 타문화에 대한 긍정적 인식에서
　비롯된다.

17. 빈곤의 유형 A, B에 대한 설명으로 옳은 것은? (단, A, B는
각각 절대적 빈곤, 상대적 빈곤 중 하나임.)

> A는 기본적인 필수 생활 요구를 충족시키기 위한 수준을 넘지 못하는
> 상태를 의미한다. 예를 들어, 식량, 의료, 교육 등의 기본적인 요구가 충
> 족되지 못해 그들의 근본적인 인간의 존엄성이 보장되지 못하는 상황을
> A라고 말할 수 있다. 반면 B는 주로 특정 사회나 지역 내에서 개인이나
> 가구가 다른 사람들과 비교될 때 사용되는 개념으로, 사회적인 비교에
> 의해 생기는 경제적 불평등을 나타낸다. 예를 들어, 특정 지역에서 소득
> 이나 부의 분배가 불균등하게 이루어져 있을 때 B가 발생할 수 있다.

① A는 저개발국보다 선진국에서 두드러지게 나타난다.
② B는 A와 달리 상대적 박탈감을 유발하는 원인이 된다.
③ A는 B와 달리 객관화된 기준을 통해 파악한다.
④ 우리나라에서 가구 소득이 중위 소득에 미치지 못하는 가구는
　모두 B 가구이다.
⑤ 상대적 빈곤선이 절대적 빈곤선보다 높으면 A에 해당하는
　모든 가구는 B에 해당한다.

18. A, B의 일반적인 특징에 대한 옳은 설명만을 <보기>에서 고른
것은? (단, A, B는 각각 관료제, 탈관료제 중 하나임.)

> 교사: A, B의 특성이 나타나는 회사의 사례를 각각 제시해 주세요.
> 갑: ○○ 회사는 부장급 이상 임원만 100명이며, 직위에 따라 권한과 책
> 임이 다릅니다. 출퇴근 시간과 업무 절차는 회사가 정한 규정을 따
> 라야 하며, 승진과 보수는 경력과 직급에 따라 결정됩니다.
> 을: △△ 회사는 업무의 성격이나 상황에 따라 여러 팀을 구성하여 운
> 영합니다. 팀 내 구성원의 관계는 수평적이며 세부적인 업무 절차와
> 내용도 자체적으로 결정할 수 있습니다. 승진과 보수는 개인별 능력
> 과 업적에 따라 결정됩니다.
> 교사: 갑이 제시한 사례의 회사에서는 B의 특성이, 을이 제시한 사례의
> 회사에서는 A의 특성이 강하게 나타나는군요.

> ─────────< 보 기 >─────────
> ㄱ. A는 B에 비해 과업 수행 절차의 예측 가능성이 높다.
> ㄴ. A는 B에 비해 구성원이 창의성을 발휘하기 유리하다.
> ㄷ. B는 A에 비해 상향식 의사 결정 방식을 중시한다.
> ㄹ. B는 A에 비해 업무의 표준화와 세분화를 중시한다.

① ㄱ, ㄴ　　② ㄱ, ㄷ　　③ ㄴ, ㄷ　　④ ㄴ, ㄹ　　⑤ ㄷ, ㄹ

19. 다음 자료에 대한 옳은 설명만을 <보기>에서 있는 대로 고른
것은? (단, A, B는 각각 산업 사회, 정보 사회 중 하나임.) [3점]

<수행 평가>

학생	과제
갑	A와 달리 B에만 해당하는 특징 제시하기
을	B와 달리 A에만 해당하는 특징 제시하기
병	A와 B 모두에 해당하지 않는 특징 제시하기

<학생의 답안과 교사의 평가>

갑	을	병
정보 제공자와 수용자 간 구분이 불명확합니다.	(가)	물리적 거리가 사회적 관계 형성에 미치는 제약 정도가 큽니다.
교사의 평가	⊙두 명의 학생이 적합하지 않은 특징을 제시했습니다.	

> ─────────< 보 기 >─────────
> ㄱ. ⊙에 을이 포함된다면, A는 산업 사회, B는 정보 사회이다.
> ㄴ. '효율적 목표 달성을 핵심으로 하는 조직 운영 방식이 나타납
> 니다.'가 (가)에 들어간다면, 갑은 ⊙에 포함된다.
> ㄷ. '사회의 다원화 정도가 상대적으로 낮습니다.'는 (가)에 들어
> 갈 수 있다.

① ㄱ　　② ㄴ　　③ ㄱ, ㄴ　　④ ㄴ, ㄷ　　⑤ ㄱ, ㄴ, ㄷ

20. 다음 자료에 대한 분석으로 옳은 것은? [3점]

> 갑국에서 부양 인구(15~64세 인구)는 t년이 t+40년의 75%이고, 노년
> 인구(65세 이상 인구)는 t+20년이 t년의 3배이다. t+20년 총부양비는
> 100으로 t+40년 노년 부양비의 4배이고, t년 대비 t+20년의 유소년 인구
> (0~14세 인구) 증가율과 전체 인구 증가율은 같다. 표는 갑국의 연도별
> 유소년 부양비를 나타낸 것이다.

구분	t년	t+20년	t+40년
유소년 부양비	50	60	25

* 유소년 부양비 = (유소년 인구 / 부양 인구) × 100
** 노년 부양비 = (노년 인구 / 부양 인구) × 100
*** 총부양비 = {(유소년 인구 + 노년 인구) / 부양 인구} × 100

① t년 대비 t+40년에 전체 인구는 50% 증가하였다.
② t년 대비 t+20년에 노년 부양비는 3배 증가하였다.
③ t+40년 총부양비는 t년 총부양비의 75%이다.
④ t년 유소년 인구와 t+40년 노년 인구는 동일하다.
⑤ 유소년 인구와 부양 인구의 합은 t+20년이 t+40년보다 적다.

---

* 확인 사항
○ 답안지의 해당란에 필요한 내용을 정확히 기입(표기)했는지 확인
하시오.

제 4 교시　**사회탐구 영역(사회·문화)**

성명　[　　　]　수험 번호　[　　|　|　—　|　|　]　제[　]선택

---

1. 밑줄 친 ㉠~㉣과 같은 현상의 일반적 특징에 대한 설명으로 옳은 것은?

> 커피는 맛과 향뿐만 아니라 ㉠산화에 의한 변질도 고려해야 하는 음료이다. 커피 원두에는 ㉡폴리페놀 화합물이 풍부하게 함유되어 있는데, 이 화합물은 산화에 민감하여 ㉢커피가 공기 중에 노출되면 산화가 시작된다. 이 과정에서 생성되는 퀘르신이라는 화합물은 커피의 맛과 향을 손상시키는 주요한 요인 중 하나가 된다. 따라서 커피의 신선도를 유지하기 위해서는 ㉣밀봉용기나 진공포장 등의 방법을 사용해 산소와의 접촉을 최소화하거나, 미리 간단히 분쇄한 커피를 빠르게 소섭취하는 것이 좋다.

① ㉠과 같은 현상은 ㉡과 같은 현상과 달리 몰가치적이다.
② ㉡과 같은 현상과 ㉢과 같은 현상은 확실성의 원리를 따른다.
③ ㉢과 같은 현상은 ㉣과 같은 현상과 달리 당위 법칙을 따른다.
④ ㉣과 같은 현상은 ㉠과 같은 현상과 달리 특수성이 강하다.
⑤ ㉠, ㉣과 같은 현상은 ㉡, ㉢과 같은 현상과 달리 경험적 자료로 연구할 수 없다.

2. 다음 글에서 개인과 사회의 관계를 바라보는 필자의 관점에 대한 옳은 설명만을 <보기>에서 고른 것은?

> 오늘날 발생하는 청년 실업 문제는 단순히 개인의 능력 부족이나 노력 부족으로 설명할 수 없다. 노동 시장 구조, 교육 제도, 경제 환경과 같은 사회적 구조는 청년의 취업 기회를 결정짓는 주요 요인으로 작용하며, 이는 각 개인의 의지와 무관하게 외부에서 존재하며 그들에게 제약과 압력을 가한다. 그리고 해당 구조가 변하지 않는 한, 청년 실업 문제에 대한 근본적인 해결은 어렵다.

<보 기>

ㄱ. 사회에 의해 개인은 구조화된 행동을 한다고 본다.
ㄴ. 사회의 속성은 개인의 속성에 의해 결정된다고 본다.
ㄷ. 사회는 개인 외부에 존재하는 독립적인 실체라고 본다.
ㄹ. 사회는 개인 이익을 실현해 주는 도구일 뿐이라고 본다.

① ㄱ, ㄴ　② ㄱ, ㄷ　③ ㄴ, ㄷ　④ ㄴ, ㄹ　⑤ ㄷ, ㄹ

3. (가), (나)에 나타난 문화 변동에 대한 설명으로 옳은 것은?

> (가) 을국의 대중음악과 드라마가 갑국에 대거 수입되어 젊은 세대를 중심으로 을국의 언어를 배우고 을국 패션을 따라 하는 유행이 확산되었다. 이에 따라 갑국의 전통 대중가요 시장은 위축되었으나, 일부 음악인들은 을국의 음악 스타일과 자국 전통 악기를 결합한 새로운 장르를 창조하였다.
>
> (나) 정국의 첨단 농기계가 병국에 수입되면서, 병국 농민들은 전통적인 수확 방식을 점차 버리고 기계화 농업을 받아들이게 되었다. 그리고 그 과정에서 정국 농기계에 새겨진 독특한 장식 무늬는 병국 장인들에게 영감이 되어, 해당 무늬를 응용한 새로운 공예품이 탄생해 병국 내에서 인기를 끌었다.

① (가)에서는 직접 전파로 인해 문화 변동이 나타났다.
② (나)에서는 직접 전파로 인해 강제적 문화 접변이 나타났다.
③ (가)에서와 달리 (나)에서는 문화 공존이 나타났다.
④ (나)에서와 달리 (가)에서는 문화 융합이 나타났다.
⑤ (가)와 (나)에서는 모두 문화 동화가 나타났다.

[4~5] 다음 자료를 읽고 물음에 답하시오.

> 연구자 갑은 직장인들의 ㉠자전거 출퇴근 실천 요인이 실제 자전거 이용 빈도에 미치는 영향을 알아보고자 하였다. 갑은 전국 교통 통계와 직장인 설문 자료를 활용하여 ㉡자전거 도로 접근성, 직장 내 샤워·보관 시설 유무, 대중교통 혼잡도라는 세 가지 변인을 설정하였다. 그리고 자전거 도로 접근성은 거주지에서 직장까지 연결된 자전거 도로의 비율로, 직장 내 샤워·보관 시설 유무는 설문 응답을 통해, 대중교통 혼잡도는 출퇴근 시간대 평균 혼잡률 자료를 통해 측정하였다. 수집한 자료를 분석한 결과, 자전거 도로 접근성과 직장 내 시설 유무는 대중교통 혼잡도와 달리 출퇴근 시 자전거 이용 빈도에 정(+)의 영향을 미치는 것을 확인하였다.
>
> 연구자 을은 갑의 연구 결과를 참고하여, 대중교통 혼잡도가 실제 자전거 이용 빈도와 유의미한 관계를 보이지 않은 이유를 밝히는 것을 연구 목적으로 삼았다. 을은 ㉢○○ 회사에 재직 중인 직장인 중 50명을 대상으로 설문 조사를 실시하였고, 그 결과 대중교통이 혼잡하더라도 직장인들은 내부에서 스마트폰을 활용한 업무 준비나 동영상 시청, 독서 등 여가 활동을 진행하여 혼잡도를 불편 사항으로 여기지 않고, 그 결과 자전거를 이용하지 않는 것으로 나타났다. 이후 을은 대중교통 혼잡도 점수가 높은 구간에서 출퇴근하는 직장인 10명을 대상으로 심층 면담을 진행하였고, 그 결과 이들은 자전거 출퇴근이 신체적 피로를 유발하고 날씨의 영향을 크게 받는다는 점을 들어, ㉣혼잡하더라도 대중교통의 활용을 유지하는 경향이 강한 것으로 해석되었다.

4. 다음 연구에 대한 설명으로 옳은 것은? [3점]

① ㉡은 ㉠에 대한 조작적 정의에 해당한다.
② 갑의 연구는 '대중교통 혼잡도는 출퇴근 시 자전거 비용 빈도에 부(-)의 영향을 미칠 것이다.'를 지지하지 않는다.
③ ㉢은 을의 연구에서 모집단에 해당한다.
④ 을은 갑과 달리 그의 연구에서 사전 검사를 시행하였다.
⑤ 을의 연구에서 ㉣ 단계는 연구자의 가치 개입이 허용된다.

5. 위 연구에서 갑, 을이 사용한 자료 수집 방법의 일반적인 특징에 대한 설명으로 옳은 것은? [3점]

① 갑과 달리 을은 표준화된 도구로 대량의 자료를 획득하기 용이한 자료 수집 방법을 사용하였다.
② 갑과 달리 을은 기존 연구 동향 파악에 유리한 자료 수집 방법을 사용하였다.
③ 을과 달리 갑은 연구 대상자의 반응에 유연한 대처가 용이한 자료 수집 방법을 사용하였다.
④ 을과 달리 갑은 연구 대상자의 주관적 인식을 파악할 수 있는 자료 수집 방법을 사용하였다.
⑤ 갑과 을은 모두 연구자와 연구 대상자 간 언어적 상호 작용이 필수적인 자료 수집 방법을 사용하였다.

6. 다음 글에서 도출할 수 있는 대중문화의 역기능으로 가장 적절한 것은?

> 대중문화는 대중에게 삶의 활력소가 되고, 각종 사회적, 문화적 욕구를 해소해 주는 역할을 하기에 대중들에게 있어 큰 영향력을 가지고 있다. 이러한 대중문화의 특성은 전 세계 사람들을 연결하고 다양한 문화를 쉽게 접할 수 있게 하여 상호 이해와 소통을 증진할 수 있지만, 다른 한편으로는 전 세계에 획일적인 콘텐츠를 제공함으로써 다양한 지역 문화와 전통을 잠식하게끔 할 수도 있다. 전통적인 예술 형식이나 언어, 관습 등은 대중 매체에서 설 자리를 잃게 되고, 그 자리는 전 세계적인 경향에 부합하는 지배적 위치에 있는 서구 문화의 차지가 된다. 이러한 현상은 문화적 표현의 획일화를 초래하고, 지역 사회의 고유한 문화 정체성을 약하게 만들 수 있다.

① 문화적 동질화와 다양성 감소의 결과를 가져올 수 있다.
② 지배 계층에 의해 대중 조작의 수단으로써 활용될 수 있다.
③ 상업화로 인해 질적으로 미흡한 문화 요소를 생산할 수 있다.
④ 단순한 자극적 메시지로 인해 비판적 사고를 저해할 수 있다.
⑤ 특정 집단 또는 문화를 왜곡되게 묘사해 편견을 야기할 수 있다.

7. 밑줄 친 ㉠~㉺에 대한 설명으로 옳은 것은?

> 슬램덩크(slam dunk)는 경기 중 선수가 공을 손에 들고 골대 위로 뛰어 올라 두 손으로 공을 골대에 강하게 박아넣는 행위를 말한다. 이는 ㉠농구 팬들에게 있어 농구 경기에서 가장 인상적이고 화려한 순간 중 하나로 여겨지며, ㉡농구 문화에 있어 스타 선수들의 아이덴티티와도 같은 위치를 가지고 있다. ㉢미국의 NBA 팬들 사이에서는 슬램덩크가 경기를 더욱 화려하게 만드는 요소로 여겨지는데, ㉣이에 영향을 받아 NBA 스타들의 플레이스타일은 일반적인 득점이 가능한 상황에서도 슬램덩크를 통한 득점을 택하는 방향으로 변하였다. 과거 ㉤다른 국가의 농구 리그에서는 슬램덩크가 과도하게 과시적인 행위로 간주되기도 하였으나, 스포츠 분석가들은 ㉺현대에 들어 슬램덩크는 단순히 선수 개인의 과시를 넘어서 엔터테인먼트적으로 완전히 새로운 의미를 가지게 되었다고 평가하고 있다.

① ㉠에는 ㉢과 달리 문화의 공유성이 부각되어 있다.
② ㉡에서의 문화는 '문화생활'에서의 문화와 같은 의미로 사용되었다.
③ ㉣에 부각된 문화의 속성은 문화가 시간이 흐르면서 그 형태가 변화는 생활 양식임을 의미한다.
④ ㉤은 문화 지체의 사례에 해당한다.
⑤ ㉺에는 문화를 바라보는 비교론적 관점이 나타난다.

8. 다음 자료에 대한 분석으로 옳은 것은? [3점]

> 그림은 갑국의 연도별 계층 구성 비율을 나타낸다. 단, 갑국의 계층은 상층, 중층, 하층으로만 구성되며, 주어진 기간 동안 갑국의 전체 인구는 변함이 없다.

구분	A	B	C
t년	50	25	25
t+10년	20	60	20
t+20년	40	25	35

* A에서 B로의 이동은 하강 이동이고, A에서 C로의 이동은 상승 이동임.

① A는 중층, B는 상층, C는 하층이다.
② t년과 달리 t+20년의 계층 구조는 다이아몬드형이다.
③ t+20년의 상층 인구는 t+10년의 상층 인구의 2배이다.
④ t년의 상층 인구는 t+20년의 하층 인구와 같다.
⑤ 주어진 연도의 계층 구조 중 t+10년의 계층 구조가 사회 통합에 가장 유리하다.

9. 다음 자료에 대한 설명으로 옳은 것은? [3점]

> <○○대학교 창업 경진 대회 수상작 인터뷰>
>
> **1위: 생성형 AI 모바일 운영 체제**
>
> 안녕하세요! ○○대학교 소속 창업 동아리의 회장을 맡고 있는 갑입니다. 최근 선풍적인 인기를 끌고 있는 생성형 AI의 색다른 활용 방안을 고민하다 이 아이디어를 내어놓게 되었는데, 창업지원단에서 좋게 봐 준 것에 너무 감사하네요. 이 영광을 같은 창업 동아리에서 밤낮없이 같이 고생한 병과, 이 아이디어의 핵심적인 부분을 내어 준 같은 회사에서 인턴 활동 중인 을에게 돌립니다!
>
> **2위: 실시간 쌍방향 통역 서비스**
>
> 실시간 쌍방향 통역 서비스 아이디어를 공모한 정이라고 합니다. 반갑습니다. 저 역시도 같은 학생회에서 일하고 있는 병과 대화하다 아이디어를 떠올리게 되었는데, 두 개가 동시에 1, 2위를 차지한 건 매우 신기하네요,,ㅎㅎ 저만의 아이디어를 차차 실현해 나가 세상을 바꾸는 모습, 기대해 주세요! 앞에서 이야기가 나온 을이 ○○대학교 소속 AI 동아리 회장일 텐데, 러브콜을 보내 봐야겠네요.

① 1위 수상작의 인터뷰에 언급된 2차적 사회화 기관의 개수는 을이 속해 있는 비공식적 사회화 기관의 개수의 2배이다.
② 2위 수상작의 인터뷰에 언급된 이익 사회의 개수는 정이 속해 있는 사회 집단의 개수와 같다.
③ 갑이 속해 있는 공식 조직의 개수는 을이 속해 있는 자발적 결사체의 개수보다 2개 많다.
④ 병이 속해 있는 공식적 사회화 기관의 개수는 정이 속해 있는 2차적 사회화 기관의 개수와 같다.
⑤ 갑과 병이 함께 속해 있는 자발적 결사체와 을과 정이 함께 속해 있는 비공식적 사회화 기관은 모두 존재한다.

10. 다음 자료에 대한 설명으로 옳은 것은? (단, A~C는 각각 주류 문화, 하위문화, 반문화 중 하나임.) [3점]

> 표는 갑국에 존재하는 (가) 문화, (나) 문화, (다) 문화가 T 시기와 T+1 시기에 각각 A~C 중 무엇에 해당하는지를 나타낸 것이다.

구분		T 시기		
		A	B	C
T+1 시기	A	(가)	(다)	(가)
	B		(나)	
	C		(다)	

① A는 C와 달리 시간이 지나면서 B로 변화하기도 한다.
② 한 사회에서 C를 향유하는 사람은 A를 향유하지 않는다.
③ T+1 시기와 달리 T 시기에 (다)는 갑국 전체 구성원 간 문화적 동질성을 드러내는 문화이다.
④ T 시기와 달리 T+1 시기 (가)와 같은 문화의 사례로 '조선 후기 천주교 문화'를 들 수 있다.
⑤ T 시기와 T+1 시기 (나)와 같은 문화의 사례로 '특정 지역에서 나타나는 사투리 문화'를 들 수 있다.

11. 밑줄 친 ㉠~㉑에 대한 설명으로 옳은 것은?

> ㉠○○대학교 식품영양학과에 재학 중인 갑은 졸업 논문 주제를 정하지 못한 채 ㉡여러 실험에서 실패를 거듭하며 학업 의욕을 잃고 있었다. 그러던 중 갑은 학과 교수의 제안으로 지역 전통 식재료를 활용한 건강 간식 개발 프로젝트에 참여하게 되었고, 첫 시제품 개발에서 당뇨 환자를 위한 무가당 간식을 선보여 ㉢지역 보건소의 관심을 끌고 있다. 한편, 을은 ㉣교환학생 시절 습득한 해외 식문화 지식을 바탕으로 ㉤건강식 레시피 책을 출간하여 온라인에서 큰 호응을 얻었고, 이러한 활동을 인정받아 을은 청년창업지원센터 멘토로 위촉되었다. 최근 을은 ㉥식품 스타트업 업계의 차세대 리더라는 별명 아래, ○○대학교 같은 과 후배인 갑과 함께 공동 브랜드를 론칭할지 여부를 두고 ㉦고민 중이다.

① ㉠은 을이 속한 공식 조직이다.
② ㉡은 갑의 역할 행동에 재한 제재, ㉢은 갑의 역할 행동에 대한 보상이다.
③ ㉤은 ㉣에 따른 을의 역할 행동이다.
④ ㉥은 을의 성취 지위이다.
⑤ ㉦은 을의 역할 갈등이다.

12. A, B의 일반적인 특징에 대한 옳은 설명만을 <보기>에서 고른 것은? (단, A, B는 각각 관료제, 탈관료제 중 하나임.)

> A는 대규모 조직을 효율적으로 운영하기 위한 형태로서 등장했으며, 업무의 예측 가능성을 높이고 책임 소재를 명확히 할 수 있다는 장점을 지닌다. 그러나 A는 한편으로 절차가 지나치게 복잡하고 경직되어 변화에 대한 대능이 느리다는 단점을 나타냈고, 이러한 한계는 급변하는 환경에서 조직의 경쟁력을 떨어뜨리는 요인이 되었다. 이에 따라 20세기 후반 이후 유연성과 창의성을 강조하는 새로운 조직 운영 방식이 요구되었고, 그 결과 등장한 것이 B이다.

> ──── <보 기> ────
> ㄱ. A는 B에 비해 구성원이 창의성을 발휘하기 용이하다.
> ㄴ. A는 B에 비해 중간 관리층의 비중이 높다.
> ㄷ. B는 A에 비해 과업 수행 절차의 예측 가능성이 높다.
> ㄹ. B는 A에 비해 업무 담당자에게 주어진 재량권이 크다.

① ㄱ, ㄴ　② ㄱ, ㄷ　③ ㄴ, ㄷ　④ ㄴ, ㄹ　⑤ ㄷ, ㄹ

13. 다음 글에 나타난 사회 변동의 방향을 보는 필자의 관점에 대한 옳은 설명만을 <보기>에서 고른 것은?

> 사회 변동은 문명이 도전과 응전을 반복하는 과정을 통해 설명될 수 있다. 문명이 자연재해나 외적 침입 등 외부의 도전에 직면할 때, 이를 효과적으로 대응하면 성장과 번영을 이루게 된다. 그러나 이러한 도전에 제대로 대응하지 못하면 내부적 부패와 갈등이 심화되어 쇠퇴하게 된다. 이 과정에서 새로운 아이디어와 리더십이 등장하면 문명은 재생의 기회를 얻게 되지만, 그렇지 않으면 궁극적으로 멸망의 길을 걷게 된다. 이에 따라 문명은 끊임없는 도전과 응전을 통해 성장과 쇠퇴를 반복하게 되는 것이다.

> ──── <보 기> ────
> ㄱ. 사회의 변동이 항상 진보와 발전을 의미하는 것은 아니라는 비판을 받는다.
> ㄴ. 사회는 미분화된 상태에서 분화된 상태로 변동한다고 본다.
> ㄷ. 사회 변동을 동일한 과정의 주기적 반복으로 설명한다.
> ㄹ. 운명론적 시각에서 사회 변동을 설명한다.

① ㄱ, ㄴ　② ㄱ, ㄷ　③ ㄴ, ㄷ　④ ㄴ, ㄹ　⑤ ㄷ, ㄹ

14. 다음 자료에 대한 설명으로 옳은 것은? (단, A~D는 각각 뒤르켐의 아노미 이론, 머튼의 아노미 이론, 차별 교제 이론, 낙인 이론 중 하나임.) [3점]

> <일탈 행동 사례>
> 가난한 동네에서 태어나 제대로 된 교육의 기회를 누리지 못했던 갑은 학창 시절 동안 비행 청소년인 친구들과 어울리며 흡연과 음주, 싸움과 절도 등 다양한 행위들에 가담하며 비행적 생활 양식을 습득하였다. 성인이 된 갑은 과거를 청산하고 개과천선하고자 취업 시장에 뛰어들었으나 낮은 학력과 전문 지식의 부재를 이유로 번번이 일자리를 구하는 데 실패하였고, 지속되는 도전과 실패 속에서 결국 체념한 갑은 생계유지를 위해 범죄 조직에 가담해 불법적인 일에 종사하게 되었다.
> 평범한 가정에서 자라나 안정된 사회에서 학교를 졸업하고 직장 생활을 이어가던 을은 전쟁이 발발한 후 무너진 사회 제도와 법질서를 맞이하게 되었고, 혼란 속에서 생존이 최우선 과제가 되면서 을은 옳은 행위의 판단 능력을 상실하게 되었다. 전쟁의 마수를 피해 인접 국가로 이민한 을은 올바른 판단을 하지 못해 범죄를 저지르게 되었고, 그에 따라 새로이 속한 사회 속에서 범죄자라는 인식을 떠안게 된 을은 절망에 빠져 범죄자로서의 삶을 받아들이고 그 안에서 살아가기로 결심하였다.

> <교사의 해설>
> 제시된 사례에서 학창 시절 갑의 일탈 행동은 A를 통해 설명할 수 있습니다. 성인이 된 후 갑의 일탈 행동은 D가 아닌 C를 통해, 이민 이전 을의 일탈 행동은 C가 아닌 B를 통해 설명할 수 있습니다. 이민 이후 을의 일탈 행동을 설명하는 데는 A~D 중 [㉠]가 적합합니다.

① ㉠은 C이다.
② A는 B와 달리 일탈 행동이 타인과의 상호 작용 과정에서 학습된다고 본다.
③ B는 C와 달리 일탈 행동에 대한 대책으로 문화적 목표를 달성할 수 있는 제도화된 기회의 확대를 중시한다.
④ C는 D와 달리 1차적 일탈이 2차적 일탈로 이어지는 과정에 주목한다.
⑤ D는 A와 달리 일탈 행동을 규정하는 객관적 기준이 존재한다고 본다.

15. 다음 자료에 대한 분석으로 옳은 것은? [3점]

> 갑국의 사회 보장 제도는 우리나라의 사회 보장 제도와 동일하다. 금전적 지원을 원칙으로 하는 A, B 제도 중에서 A는 B와 달리 정부 재정으로 비용을 전액 충당하는 것을 원칙으로 하는 제도이다. 자료는 갑국의 시기별 전체 인구 중 A, B 수급자 비율과 시기에 따른 수급자 변화율을 나타낸 것이다.

<자료 1> t년과 t+10년의 수급자 비율

(단위 : %)

구분	A 수급자	B 수급자	A와 B 중복 수급자
t년	㉠	26	6
t+10년	10	20	5

<자료 2> t년 대비 t+10년의 수급자 수 변화율

(단위 : %)

A에만 해당하는 수급자	B에만 해당하는 수급자	A와 B 중복 수급자
-25	35	㉡

① ㉡에 들어갈 값은 ㉠에 들어갈 값의 3배 이하이다.
② t년에 전체 인구 중 강제 가입의 원칙이 적용되는 제도에만 해당하는 수급자 비율은 A와 B 중복 수급자 비율의 3배이다.
③ 수급자에 대한 부정적 낙인이 발생할 수 있는 제도만의 수급자 비율은 t년이 t+10년의 2배이다.
④ t년에 사전 예방적 성격이 강한 제도에만 해당하는 수급자 수는 t+10년에 사후 처방적 성격이 강한 제도의 수급자 수보다 적다.
⑤ t년 대비 t+10년의 수급자 수 증가율은 수혜자 비용 부담 원칙이 적용되는 제도가 그렇지 않은 제도보다 낮다.

16. 다음 글에서 도출할 수 있는 정보 사회의 문제점으로 가장 적절한 것은?

> 인터넷과 소셜 미디어가 발달함에 따라, 현대 사회에는 점점 다양한 종류의 정보들이 쉽게 확산하고 있다. 이러한 정보의 확산은 많은 경우 우리의 삶에 편리함과 풍요로움을 가져오지만, 그만큼 해당 정보가 잘못되었을 경우 우리의 삶에 닥치게 될 악영향 또한 배제할 수 없는 부분이다. 잘못된 의료 정보는 사람들의 건강을 위협하고, 정치적 허위 정보는 민주주의를 훼손할 수 있다. 이러한 정보의 범람은 사회적 혼란과 갈등을 심화시켜 사회 전반에 걸쳐 심각한 문제로 작용하며, 만약 이를 방치한다면 사회에는 더 큰 혼란과 불신이 초래될 수 있다.

① 정보 격차로 인해 경제적 불평등이 심화되고 있다.
② 개인 정보 유출, 저작권 침해 등 사이버 범죄가 증가하고 있다.
③ 비대면 관계의 증가로 인한 인간 소외 현상이 나타나고 있다.
④ 정보 기기에의 과도한 의존으로 사회 문제가 발생하고 있다.
⑤ 거짓된 정보의 유포로 인한 폐해가 증가하고 있다.

17. 빈곤의 유형 A, B에 대한 설명으로 옳은 것은? (단, A, B는 각각 절대적 빈곤, 상대적 빈곤 중 하나임.)

> A는 인간이 생존을 유지하는 데 필요한 최소한의 의식주와 자원을 확보하지 못한 상태를 의미한다. 예를 들어, 하루 필요한 칼로리를 섭취하지 못하거나 기본적인 주거와 의복이 없어 생명이 위태로운 상황이 해당될 수 있다. 반면, B는 사회 구성원 다수의 생활 수준과 비교했을 때 현저히 낮은 생활을 하는 상태를 의미한다. 생존은 가능하지만, 해당 사회에서 인정하는 최소한의 생활 수준에 미치지 못하는 경우를 의미하는 것이다.

① A를 판단하는 기준선은 B를 판단하는 기준선과 달리 시간과 장소에 관계없이 보편적으로 적용된다.
② 한 사회에서 A에 따른 빈곤율과 B에 따른 빈곤율을 더하면 전체 빈곤율이 된다.
③ A는 B와 달리 객관화된 기준에 의해 측정된다.
④ A는 사회 구성원의 소득 분포 상태를 고려하지 않는 개념이라는 평가를 받는다.
⑤ B는 각자의 소득 수준이 다른 사람에 비해 충분하지 않다고 느끼는 상태를 의미한다.

18. 다음 사례에 부각된 사회 운동의 특징으로 가장 적절한 것은?

> 환경 보호 단체들이 주도한 해양 플라스틱 쓰레기 반대 운동은 법적으로 당장 큰 변화를 이루지는 못했다. 정부의 해양 쓰레기 규제 법안은 국회에서 부결되었고, 기업들의 생산 구조도 단기간에 크게 달라지지 않았다. 그러나 이 운동은 언론과 SNS를 통해 대중적으로 확산되었고, 많은 시민들이 일회용 플라스틱 사용을 줄이는 생활 습관을 자발적으로 실천하게 되었다. 일부 기업은 소비자 요구에 맞추어 친환경 포장재를 실험적으로 도입하기 시작했으며, 학교에서는 환경 교육 시간에 플라스틱 문제를 다루는 사례가 증가했다. 물론 법제화라는 직접적인 목표를 이루지는 못했지만, 사람들의 의식과 행동 양식에는 뚜렷한 변화를 남긴 것이다.

① 제도권 정치나 행정 구조 밖에서 이루어지는 경우가 많다.
② 기존의 지배 집단과 제도, 가치에 대립하는 성격을 가진다.
③ 사회 구조나 제도, 가치의 변화를 추구하는 구체적 목적이 있다.
④ 성공 여부와 관계없이 사회 의식이나 문화에 변화를 촉발할 수 있다.
⑤ 개인이 아닌 다수의 사람들이 공동의 목표를 위해 조직적으로 참여한다.

19. 표는 질문을 통해 사회·문화 현상을 바라보는 관점 A~C를 구분한 것이다. 이에 대한 옳은 설명만을 <보기>에서 있는 대로 고른 것은? (단, A~C는 각각 기능론, 갈등론, 상징적 상호작용론 중 하나임.) [3점]

질문　　　　　　　　　　관점	A	B	C
개인의 행위를 강제하는 사회 구조를 중시하는가?		아니요	
인간이 상황 정의에 기초하여 행동한다고 보는가?			
사회 각 부분이 상호 의존적 관계를 맺는다고 보는가?			
(가)			
응답 '예'의 개수	2개	㉠	1개

<보 기>
ㄱ. A는 C와 달리 사회적으로 공유된 가치와 합의를 중요시한다.
ㄴ. C는 B와 달리 인간을 자율성을 지닌 능동적인 존재로 본다.
ㄷ. (가)에 '상황에 대한 개인의 주관적인 의미 부여를 강조하는가?'가 들어간다면, ㉠에 들어갈 것은 '2개'이다.
ㄹ. ㉠에 '1개'가 들어간다면, '사회를 유기체와 유사하다고 보는가?'는 (가)에 들어갈 수 있다.

① ㄱ, ㄴ　　　② ㄱ, ㄷ　　　③ ㄴ, ㄹ
④ ㄱ, ㄷ, ㄹ　　　⑤ ㄴ, ㄷ, ㄹ

20. 다음 자료에 대한 분석 및 추론으로 옳은 것은? [3점]

> ○ 갑국과 을국의 t년 전체 인구는 동일하며, t년 대비 t+50년 전체 인구의 증가율은 갑국이 100%, 을국이 50%로 나타남.
> ○ 표는 갑국과 을국의 t년 유소년 부양비와 노령화 지수, t년 대비 t+50년의 인구 변화를 나타낸 것임.

구분	t년		t년 대비 t+50년	
	노년 부양비	노령화 지수	총부양비	유소년 부양비
갑국	20	25	불변	감소
을국	40	150	증가	불변

> * 노령화 지수 $= \dfrac{\text{노년 인구(65세 이상 인구)}}{\text{유소년 인구(0~14세 인구)}} \times 100$
>
> ** 유소년(노년) 부양비 $= \dfrac{\text{유소년(노년) 인구}}{\text{부양 인구(15~64세 인구)}} \times 100$
>
> *** 총부양비 $= \dfrac{\text{유소년 인구} + \text{노년 인구}}{\text{부양 인구}} \times 100$
>
> ○ 다음 조건을 기준으로 사회 문제의 가능성을 판단함.

> <조건>
> ○ 양육에 대한 사회적 비용은 유소년 인구와 정(+)의 관계에 있음.
> ○ 노인 일자리 창출의 필요성 정도는 노년 인구와 정(+)의 관계에 있음.

① 양육에 대한 사회적 비용은 t+50년 을국이 t년 갑국보다 크다.
② 노인 일자리 창출의 필요성은 t+50년 갑국이 t년 을국보다 크다.
③ 유소년 인구와 노년 인구의 합은 t+50년 갑국이 t년 을국의 2.5배이다.
④ 전체 인구 중 부양 인구 비율은 t+50년 을국이 t년 을국보다 높다.
⑤ 전체 인구 중 노년 인구 비율은 t+50년 갑국이 t년 갑국보다 낮다.

> * 확인 사항
> ○ 답안지의 해당란에 필요한 내용을 정확히 기입(표기)했는지 확인하시오.

Hesco 모의고사 1회 문제지

01	02	03	04	05
⑤	③	②	①	④
06	07	08	09	10
⑤	②	⑤	②	⑤
11	12	13	14	15
⑤	①	②	②	①
16	17	18	19	20
①	③	④	⑤	②

01 정답: ⑤

㉠, ㉢은 자연 현상, ㉡, ㉣, ㉤은 사회·문화 현상이다.
⑤ 사회·문화 현상은 개연성의 원리가 적용된다.

오답 풀이

① 자연 현상은 확률의 원리가 적용되지 않는다.
② 사회·문화 현상은 인과 관계가 분명하지 않다.
③ 자연 현상은 가치 함축적이지 않다.
④ 사회·문화 현상은 경험적 자료를 통한 연구가 가능하다.

02 정답: ③

'B는 A와 달리 공익보다 개인의 이익을 중시해야 한다고 보는가?'에 대해 제시된 대답은 '아니요'이고, 이에 대한 채점 결과는 1점이므로 A는 사회 명목론, B는 사회 실재론이다.
ㄱ. 사회 명목론은 사회 실재론과 달리 개인의 발전이 곧 사회의 발전이라고 본다.
ㄴ. 사회 명목론은 사익의 총합이 곧 공익의 총합이라고 보므로 (가)에 '사익의 총합이 곧 공익의 총합'이 들어간다면 해당 질문에 맞는 대답은 '예'가 된다. 따라서 ㉠에 들어갈 것은 '1점'이다.

오답 풀이

ㄷ. ㉠에 '0점'이 들어간다면 (가)에는 옳은 대답이 '아니요'가 되게끔 하는 질문이 들어가야 한다. 그리고 사회 명목론은 사회 실재론과 달리 사회는 구성원들에게 외재성을 갖는다고 보지 않으므로 '사회는 구성원들에게 외재성을 갖는다.'가 (가)에 들어간다면 해당 질문에 맞는 대답은 '아니요'가 된다. 따라서 해당 내용은 (가)에 들어갈 수 있다.

03 정답: ②

② 예술단 입단 제안을 받은 것은 독립 무용단에서 활동하며 이름을 알린 것, 그리고 해외 콩쿠르에서 수상한 것에 따른 보상이므로 ㉣은 ㉡과 ㉢에 따른 보상이다.

오답 풀이

① ㉠은 갑에게 특정 역할이 요구됨에 따라 그가 한 행동이 아니므로 갑의 역할 행동이 아니다.
③ ㉤에도 불구하고 갑은 국립 예술단에 입단하지 않았으므로 국립 예술단은 갑의 내집단이 되지 않았다.

④ ㉤은 현재 갑에게 주어진 제재가 아닌 갑의 예상일 뿐이므로 갑의 역할 행동에 대한 제재가 아니다.
⑤ ㉥은 갑에게 두 가지 이상의 역할이 부여됨에 따라 발생한 갈등이 아니므로 갑의 역할 갈등이 아니다.

04 정답: ①

〈2 모둠〉의 발표 사례는 A가 활용된 것이므로 A는 문헌 연구법이며, 〈2 모둠〉이 배정받은 B가 활용된 사례는 〈4 모둠〉이 발표했으므로 B는 참여 관찰법이다. 〈3 모둠〉은 옳게 발표했으므로 C는 실험법이고, 〈5 모둠〉은 옳지 않게 발표했으므로 E는 질문지법이 될 수 없다. 따라서 E는 면접법이고, D는 질문지법이다.
① 문헌 연구법은 2차 자료의 수집에 주로 활용된다.

오답 풀이

② 참여 관찰법은 자료 수집 과정에서 구조화된 도구의 사용이 필수적이지 않다.
③ 실험법은 연구 대상자와의 언어적 상호 작용이 필수적이지 않다.
④ 질문지법은 실제성이 높은 자료의 수집에 적합하지 않다.
⑤ 면접법은 자료 수집 과정에서 시·공간적 제약이 상대적으로 적다는 평가를 받지 않는다.

05 정답: ④

④ 을은 갑이 사용한 것과 동일판 측정 도구로 C 집단과 D 집단의 집중력 수준을 측정했으므로 집중력 수준에 대한 개념의 조작적 정의를 시행하지 않았다. 그리고 을은 독립 변수인 디지털 기기 사용 제한 프로그램에 대해서도 개념의 조작적 정의를 시행하지 않았으므로 그의 연구에서 개념의 조작적 정의를 시행하지 않았다.

오답 풀이

① 갑은 그의 연구에서 학생들을 집중력 수준을 기준으로 상위 100명(A 집단)과 하위 100명(B) 집단으로 구분하여 그들의 디지털 기기 사용 시간을 분석하였으며, 그 결과 A 집단의 디지털 기기 사용 시간이 B 집단의 디지털 기기 사용 시간보다 유의미하게 낮은 것으로 나타났다. 그러나 을의 연구에서는 디지털 기기 사용 제한이 집중력 수준에 정(+)의 영향을 미치는 양상이 나타났다. 따라서 집중력 수준이 디지털 기기 사용 시간에 부(−)의 영향을 미친 것이 아니라, 디지털 기기 사용 시간이 집중력 수준에 부(−)의 영향을 미친 것일 가능성을 배제할 수 없다.
② 을은 그의 연구에서 사전 검사를 시행한 것이 아니라, 갑의 연구에서 나타난 검사 결과를 사전 검사로 활용한 것이다.
③ 갑은 2차 자료를 활용하지 않았으나, 을은 갑의 연구라는 2차 자료를 활용하였다.
⑤ ㉡은 '기존의 디지털 기기 사용 제한 프로그램이 을이 개발한 디지털 기기 사용 제한 프로그램에 비해 고등학생의 집중력 향상에 더 큰 효과를 가진다.'를 함축한다. 그러나 이것이 '을이 개발한 디지털 기기 사용 제한 프로그램은 고등학생의 집중력 향상에 효과가 없을 것이다.'를 의미하는 것은 아니다.

06 정답: ⑤

갑은 갈등론, 을은 상징적 상호 작용론, 병은 기능론적 관점을
가진다.

⑤ 상징적 상호 작용론은 기능론과 달리 개인을 행위와 상황
　에 주관적인 의미를 부여하는 주체로 본다.

오답 풀이

① 갈등론은 사회 불평등 현상이 불가피하다고 보는 것이 아
　니라, 사회 불평등 현상을 타파해야 한다고 본다.

② 상징적 상호 작용론은 사회 각 요소 간의 기능적 의존 관
　계를 중시하지 않는다.

③ 기능론은 행위자의 능동성과 자율성을 중시하지 않는다.

④ 갈등론은 사회는 스스로 균형을 유지하려는 속성을 지닌다
　고 보지 않는다.

07 정답: ②

주어진 자료를 바탕으로 갑~병이 속해 있는 사회 집단 및 사
회 조직을 표에 정리하면 다음과 같다.

구분	갑	을	병
○○대학교	○	○	○
총학생회	○	×	○
대학 밴드부	×	○	×
가족	×	○	×
경영 대학원	×	○	○

② 속해 있는 사회 집단의 개수는 을이 4개, 병이 3개로 을
　이 병보다 1개 많다.

오답 풀이

① 갑이 속해 있는 공식적 사회화 기관은 ○○ 대학교의 1개
　이다.

③ 병이 속해 있는 2차적 사회화 기관은 ○○ 대학교, 총학생
　회, 경영 대학원의 3개이다.

④ 갑이 속해 있는 이익 사회의 개수는 ○○대학교, 총학생회
　의 2개, 병이 속해 있는 비공식적 사회화 기관의 개수는
　총학생회의 1개로 전자와 후자는 같지 않다.

⑤ 을이 속해 있는 비공식 조직의 개수는 대학 밴드부의 1개,
　갑과 병이 함께 속해 있는 사회 집단의 개수는 ○○대학
　교, 총학생회의 2개로 전자와 후자는 같지 않다.

08 정답: ⑤

다음 글에서는 세계화가 이루어진 후 각종 정보가 국경을 넘
어 유통되는 속도가 비약적으로 빨라졌으며, 이에 따라 나타
난 정보의 대칭성은 다양한 나라가 동등한 출발선에서 혁신을
시도할 수 있는 기반이 되어 어느 한 국가만이 아닌 인류 공
동의 발전이 이루어질 수 있게 되리라는 주장이 나타나 있다.
따라서 다음 글에서 필자가 강조하는 세계화의 이점으로 가장
적절한 것은 '전 지구적인 균등 성장이 이루어질 수 있는 토
대가 된다.'이다.

09 정답: ②

병의 점수를 기준으로 경우를 다음처럼 나누어 볼 수 있다:

1. 첫 번째와 두 번째, 세 번째 질문에 병이 옳게 답변하고,
　네 번째 질문에 병이 옳지 않게 답변한 경우

2. 두 번째와 네 번째 질문에 병이 옳게 답변하고, 첫 번째와
　세 번째 질문에 병이 옳지 않게 답변한 경우

3. 세 번째와 네 번째 질문에 병이 옳게 답변하고, 첫 번째와
　두 번째 질문에 병이 옳지 않게 답변한 경우

첫 번째~네 번째 질문에 대한 옳은 답변은 1번 경우에서는
각각 '예', '아니요', '아니요', '아니요'가 되고 2번 경우에서
는 각각 '아니요', '아니요', '예', '예'가 되며, 3번 경우에서는
각각 '아니요', '예', '아니요', '예'가 된다.
이때 1번 경우와 3번 경우는 갑이 4점을 얻은 데 모순이 생
긴다. 따라서 옳은 것은 2번 경우이며, 첫 번째~네 번째 질
문에 대한 옳은 답변은 각각 '아니요', '아니요', '예', '예'가
되며, 이에 따라 A는 뒤르켐의 아노미 이론, B는 차별 교제
이론, C는 낙인 이론, D는 머튼의 아노미 이론이 된다.

② (가)에는 옳은 답변이 '아니요'인 질문이 들어가야 한다.
　그리고 '차별 교제 이론은 머튼의 아노미 이론과 달리 일
　탈에 대한 대책으로 새로운 규범의 정립을 강조하는가?'에
　대한 옳은 답변은 '아니요'이므로 해당 질문은 (가)에 들어
　갈 수 있다.

오답 풀이

① ㉠에 '예'가 들어간다면 갑은 6점을 얻은 것이 되어 모순
　이 발생한다. 따라서 ㉠에 들어갈 것은 '아니요'이다.

③ 불법 도박을 하는 친구에게 배워 불법 도박을 저지르는 경
　우는 차별 교제 이론의 사례이다.

④ 범죄자라는 부정적인 평판으로 인해 자포자기해 범죄를 다
　시 저지르는 경우는 낙인 이론의 사례이다.

⑤ 이직한 회사에서 높은 자리에 가고 싶어 원래 회사의 기밀
　을 빼돌리는 경우는 머튼의 아노미 이론의 사례이다.

10 정답: ⑤

$t-50$년에 A의 비율을 $10a$, C의 비율을 $50a$로 둔다면 B의
비율은 C-A의 비율과 같으므로 B의 비율은 $40a$이다. 따라서
$10a+40a+50a=100\%$이므로 $a=10\%$인 것을 알 수 있다.
$t-25$년에 A의 비율을 $30b$, C의 비율을 $50b$로 둔다면 B의
비율은 C-A의 비율과 같으므로 B의 비율은 $20b$이다. 따라서
$30b+50b+20b=100\%$이므로 $b=10\%$인 것을 알 수 있다. t
년에 A의 비율을 $20c$, C의 비율을 $30c$로 둔다면 B의 비율
은 C-A의 비율과 같으므로 B의 비율은 $50c$이다. 따라서
$20c+30c+50c=100\%$이므로 $c=10\%$인 것을 알 수 있다. 이
를 바탕으로 □□국 연도별 계층 구성 비율을 표에 나타내면
다음과 같다.

구분	$t-50$년	$t-25$년	t년
A	10%	30%	20%
B	40%	20%	50%
C	50%	50%	30%

이때 $t-50$년의 계층 구조는 피라미드형 계층 구조이므로 A는

상층, B는 중층, C는 하층인 것을 알 수 있다.
⑤ 정은 세대 간 이동에서 하층 → 상층으로 이동했으므로 세대 간 상승 이동을 하였고, 무는 세대 내 이동에서 상층 → 중층으로 이동했으므로 세대 내 하강 이동을 하였다.

오답 풀이

① t년은 t−25년과 달리 다이아몬드형 계층 구조이다.
② t−50년의 중층 비율은 40%, t년의 상층 비율은 20%로 전자와 후자는 같지 않다.
③ 갑은 세대 간 이동에서 상층 → 중층으로 이동했으므로 세대 간 하강 이동을 하였으나, 을은 세대 내 이동에서 하층 → 상층으로 이동했으므로 세대 내 상승 이동을 하였다.
④ 병은 세대 간 이동에서 중층 → 하층으로 이동했으므로 세대 간 하강 이동을 했으나, 세대 내 이동에서 상층 → 하층으로 이동했으므로 세대 내 하강 이동을 하였다.

11 정답: ⑤

갑은 문화 사대주의, 을은 자문화 중심주의, 병은 문화 상대주의적 태도를 가진다.
⑤ 자문화 중심주의는 문화 상대주의와 달리 타문화와의 마찰을 초래할 가능성이 크다는 비판을 받는다.

오답 풀이

① 문화 사대주의는 문화 제국주의로 나아갈 수 있다는 비판을 받지 않는다.
② 자문화 중심주의는 자국의 문화 정체성을 약화한다는 비판을 받지 않는다.
③ 문화 상대주의는 문화의 다양성을 저해할 수 있다는 비판을 받지 않는다.
④ 문화 사대주의와 자문화 중심주의는 모두 특정 문화를 기준으로 문화 간 우열을 가린다는 비판을 받는다.

12 정답: ①

다음 글에서 비판하는 사회 변동의 방향을 바라보는 이론은 진화론이다.
ㄱ. 진화론은 서구 중심적 사고라는 비판을 받는다.
ㄴ. 진화론은 사회 변동에 일정한 방향이 있다고 본다.

오답 풀이

ㄷ. 운명론적 관점에서 사회 변동을 설명하는 것은 순환론이다.
ㄹ. 사회 변동을 동일한 과정의 주기적 반복으로 설명하는 것은 순환론이다.

13 정답: ②

ㄱ. ㉠은 ㉡과 달리 SNS라는 대중 매체의 활용을 통해 불특정 다수의 참여를 유도한 사회 운동이다.
ㄷ. ㉡은 ㉠과 달리 끊임없는 알림과 온라인 접속으로 인한 피로감이라는 정보화에 따른 문제를 해결하고자 하는 사회 운동이다.

오답 풀이

ㄴ. ㉠과 ㉡은 모두 시민들의 자발성에 기초한 사회 운동이다.
ㄹ. ㉡은 제도적 지원의 확보를 목적으로 한 사회 운동이 아니다.

14 정답: ②

갑이 제시한 사례는 공유성이 부각된 사례, 을이 제시한 사례는 학습성이 부각된 사례, 병이 제시한 사례는 변동성이 부각된 사례이다. 그리고 정이 배정받은 문화의 속성은 공유성이므로 A는 갑이며, 무가 배정받은 문화의 속성은 전체성이므로 B는 무가 될 수 없다. 따라서 B는 병이다. 이에 따라 ㉡은 변동성, ㉢은 학습성인 것을 알 수 있으며, ㉠은 축적성인 것을 알 수 있다.
그리고 (가)에는 축적성이 부각된 사례가 들어가야 하는 것을 알 수 있으며, 갑과 정, 을과 병이 제시한 사례가 각각 서로 뒤바뀌면 모든 모둠원이 옳게 과제를 수행한 것이 되므로 무는 옳게 과제를 수행했기에 (나)에는 전체성이 부각된 사례가 들어가야 하는 것을 알 수 있다.
② 축적성은 변동성과 달리 문화가 세대 간 전승을 통해 더욱 복잡해지고 풍부해지는 것임을 의미한다.

오답 풀이

① A는 갑, B는 병이다.
③ 문화가 타인과의 상호 작용을 통한 후천적 학습에 의해 향유되는 것임을 의미하는 것은 학습성이다.
④ '내비게이션 등장 이후 운전할 때 종이 지도로 길을 찾는 사람들은 거의 사라졌다.'는 전체성이 부각된 사례이므로 (가)에 들어갈 수 없다.
⑤ '냉장고는 초기의 형태에 얼음, 김치 저장 기능 등이 추가되며 더욱 발전해 나갔다.'는 축적성이 부각된 사례이므로 (나)에 들어갈 수 없다.

15 정답: ①

A 지역에서 (가) 수급자 중 (나) 수급자 비율은 20%이므로 (가) 수급자 비율을 10a, (가)와 (나) 중복 수급자 비율을 2a로 둘 수 있다. 이때 (나) 수급자 중 (가) 수급자 비율은 50%이므로 (나) 수급자는 4a인 것을 알 수 있고, (가) 또는 (나) 수급자 비율은 12a인 것을 알 수 있다. 이때 비(非)수급자 비율은 70%이므로 (가) 또는 (나) 수급자 비율은 30%임 것을 알 수 있다. 따라서 12a=30%, a=5/2인 것을 알 수 있다.
B 지역에서 (가) 수급자 중 (나) 수급자 비율은 16%이므로 (가) 수급자 비율을 25b, (가)와 (나) 중복 수급자 비율을 4b로 둘 수 있다. 이때 (나) 수급자 중 (가) 수급자 비율은 40%이므로 (나) 수급자는 10b인 것을 알 수 있고, (가) 또는 (나) 수급자 비율은 31b인 것을 알 수 있다. 이때 비(非)수급자 비율은 38%이므로 (가) 또는 (나) 수급자 비율은 62%임 것을 알 수 있다. 따라서 31b=62%, b=2인 것을 알 수 있다.
C 지역에서 (가) 수급자 중 (나) 수급자 비율은 25%이므로 (가) 수급자 비율을 4c, (가)와 (나) 중복 수급자 비율을 c로 둘 수 있다. 이때 (나) 수급자 중 (가) 수급자 비율은 50%이므로 (나) 수급자는 2c인 것을 알 수 있고, (가) 또는 (나) 수급자 비율은 5c인 것을 알 수 있다. 이때 비(非)수급자 비율은 50%이므로 (가) 또는 (나) 수급자 비율은 50%임 것을 알 수 있다. 따라서 5c=50%, c=10인 것을 알 수 있다.
A~C 지역의 (가)와 (나) 중복 수급자 수는 모두 동일한데, 중복 수급자 비율은 A 지역이 5%, B 지역이 8%, C 지역이

10%이다. 이에 따라 A 지역 전체 인구를 800, B 지역 전체
인구를 500, C 지역 전체 인구를 400으로 둘 수 있다. 이를
바탕으로 A~C 지역 각각의 (가) 수급자 수, (나) 수급자 수,
(가)와 (나) 중복 수급자 수를 표에 나타내면 다음과 같다.

구분	A 지역	B 지역	C 지역
(가) 수급자	200	250	160
(나) 수급자	80	100	80
(가)와 (나) 중복 수급자	40	40	40

① 사전 예방적 성격이 강한 사회 보험에만 해당하는 A 지역
　수급자 수는 160, B 지역 수급자 수는 210으로 전자는
　후자보다 적다.

② 사후 처방적 성격이 강한 공공 부조에만 해당하는 B 지역
　수급자 수는 60, C 지역 수급자 수는 40으로 전자는 후
　자보다 적지 않다.
③ 상호 부조의 원리가 적용되는 사회 보험의 C 지역 수급자
　수는 160, 선별적 복지의 원칙이 적용되는 공공 부조의
　A 지역 수급자 수는 80으로 전자는 후자보다 적지 않다.
④ 사회 보험에 해당하는 제도에만 해당하는 A 지역 수급자
　비율은 20%, 공공 부조에 해당하는 제도의 B 지역 수급
　자 비율은 20%로 전자는 후자보다 낮지 않다.
⑤ (가), (나) 중 한 가지 제도에만 해당하는 수급자 수는 A
　지역이 200, B 지역이 270, C 지역이 160으로 B 지역
　이 가장 많고, C 지역이 가장 적다.

16 정답: ①

ㄱ. 거리 그래피티는 정치적 불만을 소재로 삼았고, 공공기관
　과 언론에 의해 반사회적 행위로 간주되었다는 점에서
　1980년대에 반문화였다는 점을 알 수 있다.
ㄴ. 거리 그래피티는 누구나 해당 스타일 제품을 일상에서 쉽
　게 접하게 되었다는 점에서 1990년대에 주류 문화였다는
　점을 알 수 있다.

ㄷ. 거리 그래피티는 2000년대 이후 소수의 예술가들과 열성
　지지자들 사이에서만 공유되는 문화가 되었다. 그러나 이
　것이 해당 문화가 반사회적 성격을 가지게 되었다는 점을
　의미하는 것은 아니기에 거리 그래피티는 일탈 문화의 성
　격을 가지게 된 것이 아니다.
ㄹ. 거리 그래피티 예술가들은 거리 그래피티의 대중화를 상
　업적 타협으로 비판하며 실험적인 작업에 집중하였다. 그
　러나 이것이 관련 작업과 활동 자체가 예술의 상업화를
　비판하는 형태였다는 점을 의미하지는 않는다.

17 정답: ③

A는 관료제, B는 탈관료제이다.
ㄴ. 관료제는 탈관료제에 비해 목적 전치 현상이 나타날 가능
　성이 높다.
ㄷ. 탈관료제는 관료제에 비해 중간 관리층의 비중이 낮다.

ㄱ. 관료제는 탈관료제에 비해 업무 수행 과정의 예측 가능성
　이 높다.
ㄹ. 탈관료제는 관료제에 비해 경력이 아닌 능력에 따른 보상
　을 중시한다.

18 정답: ④

④ B는 타국 출신 이주민이라는 후천적 요인으로 인해 차별
　을 받았다. 반면 A는 지체장애인으로 태어났다는, 그리고
　여성이라는 선천적 요인으로 인해 차별을 받았다.

① B는 한 사회 내에서 여러 사회적 소수자 집단이 아닌, 을
　국 출신 이주민이라는 단일한 사회적 소수자 집단에 속해
　있다.
② C는 가족과의 갈등으로 어린 나이에 독립하였으나, 이것이
　C가 사회적 차별을 받았다는 것을 의미하는 것은 아니다.
③ A~C는 모두 사회적 소수자의 불리한 위치를 개선하기 위
　한 정책의 적용을 받지 않았다. A는 지역 할당제가 적용
　되는 기업에 입사하였으나, 지역 할당제는 사회적 소수자
　의 불리한 위치를 개선하기 위한 정책이 아니다.
⑤ A, B는 사회적 소수자로서 차별을 받았기에 주류 집단이
　아니라는 이유로 차별을 받았으나, C가 차별을 받은 양상
　은 자료에 나타나지 않는다.

19 정답: ⑤

⑤ C 시기에는 병국 선교사들이 갑국과 자국의 종교를 혼합
　한 새로운 종교를 만든 문화 융합이 발생한 양상이 나타
　나나, A 시기에는 문화 융합이 발생한 양상이 나타나지
　않는다.

① A 시기 갑국의 가수들은 을국의 한 세계적인 가수를 존경
　했다는 점에서 갑국에서 을국의 영화가 히트하기 전에도
　을국의 해당 가수와 관련된 문화가 존재했음을 알 수 있
　다. 따라서 A 시기 갑국에서는 문화 공존이 나타나긴 했
　으나, 이것이 영화로 인한 간접 전파에 의한 것은 아님을
　알 수 있다.
② B 시기 병국에서는 을국의 용품이 전래됨으로서 청결을
　신경쓰지 않던 유전적 행태가 사라지게 되었다. 하지만 유
　전적 행태는 문화에 해당하지 않기에 해당 시기 병국에서
　는 직접 전파는 나타났으나, 문화 동화는 나타나지 않았음
　을 알 수 있다.
③ C 시기 갑국에서는 강제적 문화 접변이 나타나지 않았다.
　을국 선교사들이 자국의 종교를 전파하고자 갑국에 방문한
　것은 강제적 문화 접변으로 볼 수 없다.
④ B 시기 을국 사람들이 자국의 전통에서 영감을 얻어 청결
　유지를 위한 다양한 용품을 개발한 것은 타 문화 체계의
　문화 요소에서 영감을 얻어 용품을 개발한 것이 아니므로
　자극 전파에 해당하지 않는다. 따라서 A 시기와 B 시기
　모두에서는 자극 전파가 발생한 양상이 나타나지 않는다.

20 정답: ②

갑국에서 부양 인구는 t+30년과 t+60년이 t년의 2배이므로 t년 부양 인구를 100, t+30년과 t+60년 부양 인구를 200으로 둘 수 있으며, 전체 인구 대비 부양 인구의 비율은 t년과 t+60년이 50%이므로 t년 전체 인구는 200, t+60년 전체 인구는 400인 것을 알 수 있다. 그리고 해당 비율은 t+30년의 0.75배이므로 t+30년의 전체 인구 대비 부양 인구의 비율은 (200/3)%인 것을, 이에 따라 t+30년의 전체 인구는 300인 것을 알 수 있다.

t+30년의 노령화 지수는 100이라는 점에서 t+30년의 유소년 인구와 노년 인구는 50인 것을 알 수 있으며, 이에 따라 해당 연도 전체 인구 대비 노년 인구의 비율은 (50/3)%임을 알 수 있다. 또한 전체 인구 대비 노년 인구의 비율은 t년이 t+30년의 1.2배이므로 t년의 전체 인구 대비 노년 인구의 비율은 20%인 것을 알 수 있으며, 이에 따라 t년의 노년 인구는 40인 것을, 유소년 인구는 60인 것을 알 수 있다.

t년의 노년 부양비 대비 유소년 부양비의 비율은 노년 인구 대비 유소년 인구의 비율이고, t+60년의 유소년 부양비 대비 노년 부양비의 비율은 유소년 인구 대비 노년 인구의 비율이다. 그리고 t년의 노년 인구 대비 유소년 인구의 비율은 150%이므로 t+60년의 유소년 인구 대비 노년 인구의 비율은 150%인 것을, 이에 따라 t+60년의 유소년 인구는 80, 노년 인구는 120인 것을 알 수 있다. 이를 바탕으로 갑국의 연도별 노년 인구, 부양 인구, 유소년 인구, 전체 인구를 표에 정리하면 다음과 같다.

구분	t년	t+30년	t+60년
노년 인구	40	50	120
부양 인구	100	200	200
유소년 인구	60	50	80
전체 인구	200	300	400

② t+30년의 부양 인구는 200, t+60년의 피부양 인구는 200으로 전자와 후자는 같다.

오답 풀이

① t년의 유소년 인구는 60, t+30년의 노년 인구는 50으로 전자와 후자는 같다.

③ 유소년 부양비는 t+30년이 25, t+60년이 40으로 전자는 후자보다 작다.

④ 노령화 지수는 t+60년이 150, t년이 200/3으로 전자는 후자의 2배가 아니다.

⑤ 노년 부양비는 t년이 40, t+30년이 25로 전자는 후자보다 작다.

예상 등급 컷		
1등급	2등급	3등급
39점	35점	32점

┌─────────────────────────────────┐
│   Hesco 모의고사 2회 문제지   │
└─────────────────────────────────┘

01	02	03	04	05
⑤	①	②	③	③
06	07	08	09	10
⑤	②	④	②	④
11	12	13	14	15
②	④	②	④	②
16	17	18	19	20
②	⑤	④	①	③

01 정답: ⑤

㉠, ㉢, ㉤은 자연현상, ㉡, ㉣은 사회·문화 현상이다.
⑤ 자연 현상은 필연성의 원리를 따른다.

오답 풀이
① 자연 현상은 가치 함축적인 현상이 아닌, 몰가치적인 현상
　이다.
② 사회·문화 현상은 확실성의 원리가 아닌 개연성의 원리를
　따른다.
③ 자연 현상은 인간의 가치가 개입되어 나타나지 않는다.
④ 사회·문화 현상은 존재 법칙이 아닌 당위 법칙으로 설명된다.

02 정답: ①

다음 글에서 개인과 사회의 관계를 바라보는 필자의 관점은
사회 명목론이다.
ㄱ. 사회 명목론은 사회의 속성을 개인의 속성으로 환원할 수
　있다고 본다.
ㄴ. 사회 명목론은 개인의 자유 의지가 사회의 구속력보다 우
　위에 있다고 본다.

오답 풀이
ㄷ. 사회가 개인의 외부에 존재하는 독자적인 실체라고 보는
　것은 사회 실재론이다.
ㄹ. 사회가 개인에 대하여 외재성을 갖는다고 보는 것은 사회
　실재론이다.

03 정답: ②

갑이 활용한 자료 수집 방법은 면접법과 참여 관찰법, 을이
활용한 자료 수집 방법은 문헌 연구법과 면접법이다. 따라서
A는 참여 관찰법, B는 면접법, C는 문헌 연구법이다.
② 문헌 연구법은 면접법과 달리 2차 자료의 수집에 주로 활
　용된다.

오답 풀이
① 연구 대상자와의 언어적 상호 작용이 필수적인 것은 면접
　법이다.
③ 참여 관찰법과 면접법 중 시간과 비용 측면에서 비효율적
　인 것은 참여 관찰법이다.
④ 면접법과 문헌 연구법 중 시간과 장소의 제약으로부터 자

유로운 것은 문헌 연구법이다.
⑤ 문헌 연구법과 참여 관찰법, 면접법은 모두 구조화·표준화
　된 자료 수집 방법이 아니다.

04 정답: ③

갑의 관점은 기능론, 을의 관점은 상징적 상호 작용론, 병의
관점은 갈등론적 관점이다.
③ 갈등론은 대립과 갈등을 사회의 본질적 속성으로 본다.

오답 풀이
① 개인들의 주관적 상황 정의에 초점을 맞추는 것은 상징적
　상호 작용론이다.
② 사회를 유기체에 비유하여 설명하는 것은 기능론이다.
④ 사회 제도가 기득권층에 유리하게 작용한다고 보는 것은
　갈등론이다.
⑤ 상징적 상호 작용론은 거시적 관점에서 사회·문화 현상을
　설명하지 않는다.

05 정답: ③

③ 갑은 그의 연구에서 '1주일 중 여가 활동을 영위하는 횟수
　와 주로 영위하는 여가 활동의 종류'라는 1차 자료를 통해
　'여가 활동 정도'라는 독립 변인에 대한 정보를, 을은 그의
　연구에서 '갑의 연구 자료집'이라는 2차 자료를 통해 '현대
　인의 여가 활동 감소 현상'이라는 종속 변인에 대한 정보
　를 수집하였다.

오답 풀이
① 갑의 연구에서 독립 변수는 '여가 활동을 영위하는 횟수와
　주로 영위하는 여가 활동의 종류'이지 '여가 활동의 여부'
　가 아니다.
② 갑의 연구에서 모집단은 '현대인'으로, ㉡은 모집단이 아니다.
④ 을은 실험법을 활용하지 않았으므로 ㉣과 ㉤은 모두 실험
　집단이 아니다.
⑤ 주어진 자료를 통해서는 현대인의 주 평균 근무 시간이 여
　가 활동에 미치는 영향에 대해서 알 수 없다. 따라서 '현
　대인의 주 평균 근무 시간은 여가 활동의 빈도에 정(+)의
　영향을 미칠 것이다.'는 ㉢에 적절하지 않다.

06 정답: ⑤

을은 배정받은 속성이 부각된 사례를 옳게 발표했고, 을이 발
표한 사례에 부각된 속성은 학습성이므로 D는 학습성이다. 갑
은 MP3를 활용하는 사람의 수가 과거에 비해 줄어들었다는
점에만 매몰되었다는 점에서 자신이 배정받은 사례를 C가 부
각된 사례로 착각했다는 점을 알 수 있으며, 이에 따라 C는
변동성임을 알 수 있다. 또한 갑이 발표한 사례에 부각된 것
은 전체성이므로 B는 전체성이다.
병은 많은 사람들이 노트북을 활용한다는 점에만 매몰되었다
는 점에서 자신이 배정받은 사례를 E가 부각된 사례로 착각했
다는 점을 알 수 있으며, 이에 따라 E는 공유성임을 알 수
있다. 또한 병이 발표한 사례에 부각된 것은 축적성이므로 A
는 축적성이다.

⑤ 공유성은 문화가 한 사회 구성원이 공통적으로 가지고 있
는 생활 양식임을 의미하는 속성이다.
① 문화의 각 요소들이 상호 유기적으로 연결되어 있음을 의
미하는 속성은 전체성이다.
② 문화가 세대를 전승하며 더욱 풍부해지는 것을 의미하는
속성은 축적성이다.
③ 문화가 경험과 상징을 통해 후천적으로 학습됨을 의미하는
속성은 학습성이다.
④ 시간의 흐름에 따라 기존 문화 요소가 사라지거나 변화하
는 것을 의미하는 속성은 변동성이다.

07 정답: ②

주어진 자료를 바탕으로 갑~병이 속해 있는 사회 집단 및 사
회 조직을 표에 정리하면 다음과 같다.

구분	갑	을	병
○○대학교	○	×	○
총학생회	○	×	×
방송국	×	○	×
러닝 크루	○	○	×
영상 제작 동아리	×	×	○

② 병의 소개에 나타난 이익 사회의 개수는 ○○대학교, 영상
제작 동아리의 2개이고 을이 속해 있는 2차적 사회화 기관
의 개수는 방송국, 러닝 크루의 2개로 전자와 후자는 같다.

오답 풀이

① 갑의 소개에 나타난 공식적 사회화 기관의 개수는 ○○대
학교의 1개이고 을의 소개에 나타난 자발적 결사체의 개
수는 러닝 크루의 1개로 전자는 후자보다 1개 많지 않다.
③ 갑이 속해 있는 2차 집단의 개수는 ○○대학교, 총학생회,
러닝 크루의 3개이고 병이 속해 있는 비공식적 사회화 기
관의 개수는 영상 제작 동아리의 1개로 전자는 후자보다
1개 많지 않다.
④ 을이 속해 있는 공식 조직의 개수는 방송국의 1개이고 갑
과 병이 함께 속해 있는 이익 사회의 개수는 ○○대학교
의 1개로 전자는 후자보다 1개 많지 않다.
⑤ 갑과 병이 함께 속해 있는 자발적 결사체는 러닝 크루가
존재하나, 갑과 병이 함께 속해 있는 비공식 조직은 존재
하지 않는다.

08 정답: ④

첫 번째 사례에는 A 국에 거주할 때 사회적 소수자 집단에
소속되었던 갑이 B 국으로 이주한 후 사회적 소수자 집단에
소속되지 않게 된 양상이, 두 번째 사례에는 □□ 종교를 믿
는 사람들은 C 지역에서는 주도적인 위치에 있으나 D 지역에
서는 사회적 소수자 집단에 소속되어 있는 양상이 나타나 있
다. 이를 미루어 봤을 때 두 사례를 종합하면 사회적 소수자
는 장소나 사회에 따라 상대적으로 규정된다는 결론을 내릴
수 있음을 알 수 있다.

09 정답: ②

일부 지역에서만 향유되는 생활 양식은 하위문화이므로 C는
하위문화, 조선 후기의 천주교 문화는 반문화이자 하위문화이
므로 A는 반문화이다. 따라서 B는 주류 문화이다.
ㄱ. 반문화는 사회의 변화에 따라 주류 문화로 변화될 수 있다.
ㄷ. 우리나라 일부 지역에서만 나타나는 사투리 문화는 반문
화가 아닌 하위문화의 사례에 해당한다.

오답 풀이

ㄴ. 주류 문화와 하위문화는 모두 해당 문화를 향유하는 사
람들에게 정체성을 형성시킨다.
ㄹ. '우리나라에서 김치를 반찬으로 먹는 음식 문화'는 주류
문화에 해당하므로 (가)에 들어갈 수 있다.

10 정답: ④

자녀 세대 C 계층에서는 세대 간 하강 이동과 상승 이동이
모두 나타났으므로 C는 중층, A 계층에서는 세대 간 상승 이
동만 나타났으므로 A는 상층, B 계층에서는 세대 간 하강 이
동만 나타났으므로 B는 하층이다.
자녀 세대 상층의 계층 구성 비율은 25%, 중층의 계층 구성
비율은 45%, 하층의 계층 구성 비율은 30%이며, 부모 세대
중층에서 자녀 세대 중층으로 세대 간 계층 대물림을 받은 사
람은 전체의 20%, 부모 세대 상층에서 자녀 세대 중층으로
세대 간 하강 이동을 한 사람은 전체의 10%, 부모 세대 하
층에서 자녀 세대 중층으로 세대 간 상승 이동을 한 사람은
전체의 15%이다.
부모 세대 상층에서 자녀 세대 상층으로 세대 간 계층 대물림
을 받은 사람은 전체의 15%, 부모 세대 중층 또는 하층에서
자녀 세대 상층으로 세대 간 상승 이동을 한 사람은 전체의
10%이다.
부모 세대 하층에서 자녀 세대 하층으로 세대 간 계층 대물림
을 받은 사람은 전체의 15%, 부모 세대 중층 또는 상층에서
자녀 세대 하층으로 세대 간 하강 이동을 한 사람은 전체의
15%이다.
위에서 구한 정보를 바탕으로 부모 세대와 자녀 세대의 계층
별 구성 비율(%)과 계층 이동 비율(%)을, 또는 그 가능한 범
위를 표에 나타내면 다음과 같다.

부모 / 자녀	상층	중층	하층	전체
상층	15	0~10	0~10	25
중층	10	20	15	45
하층	0~15	0~15	15	30
전체	25~40	20~45	30~40	100

부모 세대 하층 인구의 비율은 상층 인구의 비율의 75%이고,
이를 만족하는 경우는 부모 세대 상층 인구의 비율이 전체 인
구의 40%, 하층 인구의 비율이 전체 인구의 30%인 경우가
유일하다. 그에 따라 상층 부모를 둔 하층 자녀는 전체 인구
의 15%, 하층 부모를 둔 상층 자녀는 전체 인구의 0%이다.
이를 바탕으로 부모 세대와 자녀 세대의 계층별 구성 비율
(%)과 계층 이동 비율(%)을 표에 나타내면 다음과 같다.

자녀＼부모	상층	중층	하층	전체
상층	15	10	0	25
중층	10	20	15	45
하층	15	0	15	30
전체	40	30	30	100

④ 하층 부모를 둔 중층 자녀 인구는 전체 인구의 15%, 중층 부모를 둔 상층 자녀 인구는 전체 인구의 10%로 전자는 후자의 1.5배이다.

오답 풀이

① A는 상층, B는 하층, C는 중층이다.

② 상층 인구 비율은 부모 세대가 40%, 자녀 세대가 30%로 전자가 후자보다 높다.

③ 자녀 세대 인구 대비 계층 대물림 인구 비율은 상층이 15/25×100%=60%, 중층이 20/45×100%=약 44%, 하층이 15/30×100%=50%로 중층에서 가장 낮다.

⑤ 세대 간 이동을 한 자녀 인구는 전체 인구의 50%, 계층을 대물림한 자녀 인구는 전체 인구의 50%로 전자와 후자는 같다.

11 정답: ②

'일탈이 학습의 결과임을 강조하는가?'에 '예'로 답변하는 것은 차별 교제 이론뿐이다. 따라서 ㉠은 '예', ㉡은 '아니요'이고 C는 차별 교제 이론이다. '일탈이 발생하는 상호 작용 과정에 주목하는가?'에 '예'로 답변하는 것은 차별 교제 이론, 낙인 이론이다. 따라서 B는 낙인 이론이다. '일탈의 대책으로 제도적 수단 제공을 강조하는가?'에 '예'로 답변하는 것은 머튼의 아노미 이론뿐이다. 따라서 A는 머튼의 아노미 이론, D는 뒤르켐의 아노미 이론이다.

② 머튼의 아노미 이론은 중상층 계층보다 하층 계층의 범죄를 설명하기 용이하다.

오답 풀이

① ㉠은 '예', ㉡은 '아니요'이다.

③ 급격한 사회 변동으로 인한 규범의 부재 상태에 주목하는 것은 뒤르켐의 아노미 이론이다.

④ 차별적 제재로 인해 일탈이 발생한다고 보는 것은 낙인 이론이다.

⑤ 일탈의 대책으로 일탈자와의 접촉 차단을 강조하는 것은 차별 교제 이론이다.

12 정답: ④

ㄴ. ㉡은 ㉠과 달리 흑인이라는 특정 집단 구성원의 권리 보장을 목표로 하는 사회 운동이다.

ㄹ. ㉠과 ㉡은 모두 뚜렷한 목표와 이를 달성하기 위한 체계적 조직을 바탕으로 한 사회 운동이다.

오답 풀이

ㄱ. ㉠과 ㉡은 모두 사회 구조의 근본적인 변혁을 급진적으로 추구하는 사회 운동이 아니다.

ㄷ. ㉠과 ㉡은 모두 경제적 평등을 추구하는 사회 운동이 아니다.

13 정답: ②

ㄱ. 갑이 활용한 질문지에는 개인 식별이 가능한 정보가 포함되어 있었고, 갑은 설문 조사 결과가 모두 포함된 논문을 저술해 학회지에 투고하였으므로 갑은 연구 대상자에 대한 익명성을 보장하지 않았다.

ㄷ. 갑은 연구 가설과 일치하지 않는 응답을 제외한 채 자료를 분석하였으므로 자료 분석 과정에서 자료에 대한 조작이 이루어졌다.

오답 풀이

ㄴ. 갑은 연구 참여에 동의한 △△ 대학교에 재학 중인 학생 100명을 대상으로 연구를 진행했으므로 연구 대상자의 자발적 참여를 보장하였다.

ㄹ. 갑의 연구에서 타인의 저작물을 출처를 표기하지 않은 채 자신의 저작물에 활용한 양상은 나타나지 않는다.

14 정답: ④

④ 을국의 식품 기업 B는 갑국 현지에 방문해 직접 해당 조리법을 전수받은 후 을국 현지 특산물에 이를 결합해 새로운 요리를 개발했다는 데에서 을국에서는 직접 전파에 의한 문화 융합이 일어났음을 알 수 있다. 반면 갑국, 병국에서는 직접 전파에 의한 문화 융합이 나타나지 않았다.

오답 풀이

① 갑국의 요리사 A는 자국에서 전통적으로 내려져 온 향신료를 활용한 새로운 요리법을 개발했다는 것에서 갑국에서는 발명에 의한 문화 변동이 나타났음을 알 수 있다. 반면 을국에서는 발명에 의한 문화 변동이 나타나지 않았다.

② 을국과 병국에서는 모두 발견에 의한 문화 변동이 나타나지 않았다.

③ 갑국에서는 자극 전파에 의한 문화 동화가 나타나지 않았다. A가 개량한 조리법이 이전에 A가 개발한 조리법을 대체하여 갑국에서 널리 활용된 것은 자국의 문화 요소가 다른 자국의 문화 요소를 대체한 것이므로 문화 동화에 해당하지 않는다.

⑤ 병국에서는 간접 전파에 의한 문화 공존이 나타나지 않았다. B가 병국에서 TV 광고를 통한 마케팅 전략을 활용하여 자신들이 개발한 요리에 대한 인지도를 확보한 것은 이후 B가 병국 현지 공장에서 해당 요리 식품을 '최초로' 생산하여 병국의 시장에 진출하였다는 것에서 문화 전파에 해당하지 않는다는 사실을 알 수 있다.

15 정답: ②

A는 사회 보험, B는 사회 서비스, C는 공공 부조이다.

t년 갑국에서 중복 수혜자 중 A, B의 혜택을 모두 받는 사람 수와 B, C의 혜택을 모두 받는 사람 수는 3중 수혜자의 2배이므로 전체 인구의 6%이며, 이에 따라 중복 수혜자 중 A, B의 혜택만을 받는 사람 수와 B, C의 혜택만을 모두 받는 사람 수는 전체 인구의 3%이다. 이때 중복 수혜자 중 A, C의 혜택만을 모두 받는 사람 수를 전체 인구의 a%로 둔다면 A의 혜택만을 받는 사람 수는 전체 인구의 (41-a)%, C의 혜택만을 받는 사람 수는 전체 인구의 (33-a)%가 되는데, 이에

따라 비(非)수혜자가 아닌 인구 수는 전체 인구의 (95-a)%이고 이는 전체 인구의 90%이므로 95-a=90, a=5임을 알 수 있다. 따라서 t년 갑국의 중복 수혜자 중 A, C의 혜택만을 모두 받는 사람 수는 전체 인구의 5%, B의 혜택만을 받는 사람 수는 전체 인구의 12%, C의 혜택만을 받는 사람 수는 전체 인구의 28%, A의 혜택만을 받는 사람 수는 전체 인구의 36%임을 알 수 있다.

t+30년 갑국에서 중복 수혜자 중 A, B의 혜택을 모두 받는 사람 수와 B, C의 혜택을 모두 받는 사람 수는 3중 수혜자의 2배이므로 전체 인구의 8%이며, 이에 따라 중복 수혜자 중 A, B의 혜택만을 받는 사람 수와 B, C의 혜택만을 모두 받는 사람 수는 전체 인구의 4%이다. 이때 중복 수혜자 중 A, C의 혜택만을 모두 받는 사람 수를 전체 인구의 b%로 둔다면 A의 혜택만을 받는 사람 수는 전체 인구의 (42-b)%, C의 혜택만을 받는 사람 수는 전체 인구의 (18-b)%가 되는데, 이에 따라 비(非)수혜자가 아닌 인구 수는 전체 인구의 (90-b)%이고 이는 전체 인구의 88%이므로 90-b=88, b=2임을 알 수 있다. 따라서 t+30년 갑국의 중복 수혜자 중 A, C의 혜택만을 모두 받는 사람 수는 전체 인구의 2%, B의 혜택만을 받는 사람 수는 전체 인구의 18%, C의 혜택만을 받는 사람 수는 전체 인구의 16%, A의 혜택만을 받는 사람 수는 전체 인구의 40%임을 알 수 있다. 갑국의 t년과 t+30년 전체 인구는 동일하므로 해당 인구를 100으로 둔 뒤 이를 바탕으로 갑국의 연도에 따른 A~C 수혜자 또는 비(非)수혜자 수를 표에 나타내면 다음과 같다.

구분	t년	t+30년
A에만 해당하는 수혜자	36	40
B에만 해당하는 수혜자	12	18
C에만 해당하는 수혜자	28	16
A, B에만 해당하는 수혜자	3	4
B, C에만 해당하는 수혜자	3	4
A, C에만 해당하는 수혜자	5	2
3중 수혜자	3	4
비(非)수혜자	10	12

② t+30년에 공공 부조의 혜택만을 받는 사람 수는 16, t년의 중복 수혜자 수는 14로 전자는 후자보다 많다.

오답 풀이

① t년에 사회 보험의 혜택만을 받는 사람 수는 36, t+30년에 사회 서비스의 혜택을 받는 사람 수는 30으로 전자는 후자보다 적지 않다.

③ 중복 수혜자 중 정부 재정으로 비용을 전액 충당하는 것을 원칙으로 하는 공공 부조의 혜택을 받는 사람 수는 t년이 11, t+30년이 10으로 후자는 전자보다 많지 않다.

④ 중복 수혜자 중 강제 가입의 원칙이 적용되는 사회 보험의 혜택을 받는 사람 수는 t년이 11, t+30년이 10으로 후자는 전자보다 많지 않다.

⑤ 중복 수혜자 중 민간 부문도 복지 제공에 참여할 수 있는 사회 서비스의 혜택을 받는 사람 수는 t년이 9, t+30년이 12로 후자는 전자보다 적지 않다.

16 정답: ②

갑의 문화 이해 태도는 문화 사대주의, 을의 문화 이해 태도는 자문화 중심주의, 병의 문화 이해 태도는 문화 상대주의적 관점이다.

② 자문화 중심주의는 국수주의로 변질될 수 있다는 비판을 받는다.

오답 풀이

① 문화 사대주의는 문화를 이해가 아닌 평가의 대상으로 본다.

③ 병의 문화 이해 태도는 극단적 문화 상대주의의 입장을 대변하고 있지 않다.

④ 문화를 해당 사회의 맥락에서 바라보는 것은 문화 상대주의이다.

⑤ 타문화에 대한 긍정적 인식에서 비롯되는 태도는 문화 사대주의와 문화 상대주의이다.

17 정답: ⑤

A는 절대적 빈곤, B는 상대적 빈곤이다.

⑤ 상대적 빈곤선이 절대적 빈곤선보다 높으면 절대적 빈곤에 해당하는 모든 가구는 상대적 빈곤에 해당한다.

오답 풀이

① 절대적 빈곤은 선진국보다 저개발국에서 두드러지게 나타난다.

② 절대적 빈곤과 상대적 빈곤은 모두 상대적 박탈감을 유발하는 원인이 된다.

③ 절대적 빈곤과 상대적 빈곤은 모두 객관화된 기준을 통해 파악한다.

④ 우리나라에서 상대적 빈곤 가구는 가구 소득이 중위 소득에 미치지 못하는 가구가 아니라 중위 소득의 50%에 미치지 못하는 가구이다.

18 정답: ④

갑이 제시한 사례의 회사에서는 관료제의 특성이, 을이 제시한 사례의 회사에서는 탈관료제의 특성이 강하게 나타난다. 따라서 A는 탈관료제, B는 관료제이다.

ㄴ. 탈관료제는 관료제에 비해 구성원이 창의성을 발휘하기 유리하다.

ㄹ. 관료제는 탈관료제에 비해 업무의 표준화와 세분화를 중시한다.

오답 풀이

ㄱ. 과업 수행 절차의 예측 가능성이 높은 것은 관료제이다.

ㄷ. 상향식 의사 결정 방식을 중시하는 것은 탈관료제이다.

19 정답: ①

'물리적 거리가 사회적 관계 형성에 미치는 제약 정도가 큽니다.'는 산업 사회에 해당하는 특징이므로, 병은 과제에 적합하지 않은 특징을 제시했다.

ㄱ. ㉠에 을이 포함된다면 갑은 과제에 적합한 특징을 제시했다. '정보 제공자와 수용자 간 구분이 불명확합니다.'는 정보 사회에 해당하는 특징이므로 B는 정보 사회, A는 산업 사회이다.

오답 풀이

ㄴ. '효율적 목표 달성을 핵심으로 하는 조직 운영 방식이 나
   타납니다.'는 정보 사회와 산업 사회 모두에 해당하는 특
   징이다. 따라서 을은 과제에 적합하지 않은 특징을 제시
   했고, 과제에 적합하지 않은 특징을 제시한 학생은 두 명
   이므로 갑은 과제에 적합한 특징을 제시했다. 따라서 갑
   은 ㉠에 포함되지 않는다.

ㄷ. '사회의 다원화 정도가 상대적으로 낮습니다.'는 산업 사
   회에만 해당하는 내용이다. 해당 내용이 (가)에 들어간다
   면 A가 산업 사회, B가 정보 사회라고 가정했을 때 갑과
   을 모두 과제에 적합한 특징을 제시한 것이 되고, A가
   정보 사회, B가 산업 사회라고 가정했을 때 갑과 을 모
   두 과제에 적합하지 않은 특징을 제시한 것이 되어 두 경
   우 모두 두 명의 학생이 과제에 적합하지 않은 특징을 제
   시했다는 사실에 모순이다. 따라서 '사회의 다원화 정도가
   상대적으로 낮습니다.'는 (가)에 들어갈 수 없다.

20 정답: ③

부양 인구는 t년이 t+40년의 75%이므로 t년 부양 인구를
150, t+40년 부양 인구를 200으로 둘 수 있다. 또한 t+20
년 노년 인구가 t년의 3배이므로 t+20년 노년 인구를 30a, t
년 노년 인구를 10a로 둘 수 있다.

t+20년 총부양비가 100으로 t+40년 노년 부양비의 4배이므
로 t+40년 노년 부양비는 유소년 부양비와 같이 25이고, 그
에 따라 t+40년 노년 인구와 유소년 인구는 모두 50인 것을
알 수 있다.

t+20년 총부양비는 100인데 유소년 부양비는 60이므로 노년
부양비는 40이며, 이에 따라 t+20년 유소년 인구는 노년 인
구의 1.5배이므로 t+20년 유소년 인구는 45a인 것을 알 수
있다. 또한 t+20년 총부양비가 100이므로 t+20년 부양 인구
는 (30a+45a)×100/100=75a임을 알 수 있다.

t년 유소년 부양비는 50이므로 t년 유소년 인구는 75인 것을
알 수 있고, 이에 따라 t년 전체 인구는 225+10a임을 알 수
있다. 또한 t+20년 전체 인구는 150a인데, t년 대비 t+20년
의 유소년 인구 증가율과 전체 인구 증가율은 같으므로
45a/75=150a/(225+10a)이다. 이를 정리해주면 25=10a,
a=2.5인 것을 알 수 있으며, 이에 따라 t년 노년 인구는 25,
전체 인구는 250, t+20년 유소년 인구는 112.5, 부양 인구
는 187.5, 노년 인구는 75, 전체 인구는 375인 것을 알 수
있다.

계산의 편의성을 위해 각 연도의 전체 인구에 2를 곱한 뒤
위에서 구한 정보를 바탕으로 각 연도의 연령별, 전체 인구를
표에 나타내면 다음과 같다.

구분	t년	t+30년	t+60년
노년 인구	50	150	100
부양 인구	300	375	400
유소년 인구	150	225	100
전체 인구	500	750	600

③ t+40년 총부양비는 (200/400)×100=50, t년 총부양비는
   (200/300)×100=200/3이므로 전자는 후자의 75%이다.

오답 풀이

① t년 대비 t+40년에 전체 인구는 동일하다.

② t년 노년 부양비는 (50/300)×100=50/3, t+20년 노년
   부양비는 (150/375)×100=40으로 후자는 전자의 3배가
   아니다.

④ t년 유소년 인구는 150, t+40년 노년 인구는 100으로 전
   자는 후자와 동일하지 않다.

⑤ 유소년 인구와 부양 인구의 합은 t+20년이 600, t+40년
   이 500으로 전자가 후자보다 많다.

예상 등급 컷		
1등급	2등급	3등급
42점	39점	36점

01	02	03	04	05
②	②	④	②	①
06	07	08	09	10
①	③	④	①	③
11	12	13	14	15
①	④	⑤	②	①
16	17	18	19	20
⑤	④	④	②	③

01 정답: ②

㉠, ㉣은 사회·문화 현상, ㉡, ㉢은 자연 현상이다.
② 자연 현상은 확실성의 원리를 따른다.

오답 풀이
① 몰가치적인 특성을 가지는 현상은 자연 현상이다.
③ 당위 법칙을 따르는 현상은 사회·문화 현상이다.
④ ㉠, ㉣은 모두 사회·문화 현상으로 특수성이 강하다.
⑤ 자연 현상과 사회·문화 현상은 모두 경험적 자료로 연구할 수 있다.

02 정답: ②

다음 글에서 개인과 사회의 관계를 바라보는 필자의 관점은 사회 실재론이다.
ㄱ. 사회 실재론은 사회에 의해 개인은 구조화된 행동을 한다고 본다.
ㄷ. 사회 실재론은 사회는 개인 외부에 존재하는 독립적인 실체라고 본다.

오답 풀이
ㄴ. 사회의 속성은 개인의 속성에 의해 결정된다고 보는 것은 사회 명목론이다.
ㄹ. 사회는 개인 이익을 실현해 주는 도구일 뿐이라고 보는 것은 사회 명목론이다.

03 정답: ④

④ (가)에서는 갑국의 일부 음악인들이 을국의 음악 스타일과 자국 전통 악기를 결합한 새로운 장르를 창조했다는 것에서 문화 융합이 나타난다. 반면 (나)에서는 문화 융합이 나타나지 않는다.

오답 풀이
① (가)에서는 직접 전파로 인한 문화 변동이 나타나지 않는다.
② (나)에서는 직접 전파로 인한 문화 접변이 나타나나, 이것이 강제적 문화 접변인 것은 아니다.
③ (나)에서는 해당 무늬를 응용한 '새로운' 공예품이 탄생해 병국 내에서 인기를 끌었다는 것에서 문화 공존이 나타났음을 알 수 있다. 그러나 (가)에서도 일부 음악인들은 을국의 음악 스타일과 자국 전통 악기를 결합한 '새로운' 장

르를 창조했다는 것에서 문화 공존이 나타났음을 알 수 있다.
⑤ (나)에서는 병국 농민들이 전통적인 수확 방식을 점차 버리고 기계화 농업을 받아들이게 되었다는 것에서 문화 동화가 나타남을 알 수 있다. 그러나 (가)에서는 문화 동화가 나타나지 않는다.

04 정답: ②

② 연구자 을은 갑의 연구 결과를 참고하여 대중교통 혼잡도가 실제 자전거 이용 빈도와 '유의미한 관계를 보이지 않은' 이유를 밝히는 것을 연구 목적으로 삼았다. 따라서 갑의 연구는 '대중교통 혼잡도는 출퇴근 시 자전거 이용 빈도에 부(−)의 영향을 미칠 것이다.'를 지지하지 않는다.

오답 풀이
① ㉡은 ㉠을 세 가지로 나눈 것일 뿐, ㉠을 측정 가능한 개념으로 재정의한 것이 아니므로 ㉠에 대한 조작적 정의에 해당하지 않는다. ㉠에 대한 조작적 정의는 '자전거 도로 접근성은 거주지에서 직장까지 연결된 자전거 도로의 비율로, 직장 내 샤워·보관 시설 유무는 설문 응답을 통해, 대중교통 혼잡도는 출퇴근 시간대 평균 혼잡률 자료를 통해 측정하였다.'이다.
③ ㉢은 을의 연구에서 모집단도, 표본 집단도 해당하지 않는다.
④ 을은 그의 연구에서 사전 검사를 시행하지 않았다. 을이 ○○ 회사에 재직 중인 직장인 중 50명을 대상으로 설문 조사를 실시한 것은 이후 대중교통 혼잡도 점수가 높은 구간에서 출퇴근하는 직장인 10명을 대상으로 심층 면담을 진행한 것의 사전 검사에 해당하지 않는다.
⑤ 을의 연구에서 ㉣ 단계는 수집한 자료의 해석 단계이므로 연구자의 가치 개입이 허용되지 않는다.

05 정답: ①

갑은 그의 연구에서 문헌 연구법을, 을은 그의 연구에서 문헌 연구법, 질문지법, 면접법을 사용하였다. 갑이 직장인 설문 자료를 활용한 것은 이미 작성된 자료를 활용한 것이므로 질문지법을 활용한 것에 해당하지 않는다.
① 갑과 달리 을은 표준화된 도구로 대량의 자료를 획득하기 용이한 질문지법을 사용하였다.

오답 풀이
② 갑과 을은 모두 기존 연구 동향 파악에 유리한 문헌 연구법을 사용하였다.
③ 갑은 연구 대상자의 반응에 유연한 대처가 용이한 면접법을 사용하지 않았다.
④ 을은 연구 대상자의 주관적 인식을 파악할 수 있는 질문지법과 면접법을 사용하였다.
⑤ 연구자와 연구 대상자 간 언어적 상호 작용이 필수적인 질문지법 또는 면접법을 사용한 것은 을뿐이다.

06 정답: ①

다음 글은 대중문화가 전 세계에 획일적인 콘텐츠를 제공함으로써 다양한 지역 문화와 전통을 잠식하고, 이러한 현상은 문

화적 표현의 획일화를 초래할 수 있다는 가능성을 역설하고 있다. 따라서 다음 글에서 도출할 수 있는 대중문화의 역기능으로는 '문화적 동질화와 다양성 감소의 결과를 가져올 수 있다.'가 가장 적절하다.

07 정답: ③

③ ㉣에는 문화의 변동성이 부각되어 있다. 문화의 변동성은 문화가 시간이 흐르면서 그 형태가 변하는 생활 양식임을 의미한다.

오답 풀이

① ㉠과 ㉢에는 모두 문화의 공유성이 부각되어 있다.
② ㉡에서의 문화는 넓은 의미, '문화생활'에서의 문화는 좁은 의미로 사용되었으므로 전자와 후자는 같은 의미로 사용되지 않았다.
④ ㉤은 문화 지체의 사례에 해당하지 않는다.
⑤ ㉥에는 문화를 바라보는 비교론적 관점이 나타나지 않는다.

08 정답: ④

A에서 B로의 이동은 하강 이동, A에서 B로의 이동은 상승 이동이다. 따라서 A는 상승 이동과 하강 이동이 모두 가능한 계층이므로 중층인 것을 알 수 있고, B는 하층, C는 상층인 것을 알 수 있다.

④ t년의 상층 인구는 전체 인구의 25%, t+20년의 하층 인구는 전체 인구의 25%이고 두 연도의 전체 인구는 같으므로 전자는 후자와 같다.

오답 풀이

① A는 중층, B는 하층, C는 상층이다.
② t년과 t+20년의 계층 구조는 모두 다이아몬드형이다.
③ t+20년의 상층 인구는 전체 인구의 35%, t+10년의 상층 인구는 전체 인구의 25%이고 두 연도의 전체 인구는 같으므로 후자는 전자의 2배가 아니다.
⑤ 주어진 연도의 계층 구조 중 사회 통합에 가장 유리한 구조, 다시 말해 중층의 비율이 가장 높은 계층 구조는 t년의 계층 구조이다.

09 정답: ①

주어진 자료를 바탕으로 갑~정이 속해 있는 사회 집단 및 사회 조직을 표에 정리하면 다음과 같다.

구분	갑	을	병	정
○○대학교	○	○	○	○
창업 동아리	○	×	○	×
회사	○	○	×	×
학생회	×	×	○	○
AI 동아리	×	○	×	×

① 1위 수상작의 인터뷰에 언급된 2차적 사회화 기관의 개수는 ○○대학교, 창업 동아리, 창업지원단, 회사의 4개이고, 을이 속해 있는 비공식적 사회화 기관의 개수는 회사, AI 동아리의 2개로 전자는 후자의 2배이다.

오답 풀이

② 2위 수상작의 인터뷰에 언급된 이익 사회의 개수는 학생회, ○○대학교, AI 동아리의 3개이고, 정이 속해 있는 사회 집단은 ○○대학교, 학생회의 2개로 전자와 후자는 같지 않다.
③ 갑이 속해 있는 공식 조직은 ○○대학교, 회사의 2개이고, 을이 속해 있는 자발적 결사체는 AI 동아리의 1개로 전자는 후자보다 2개 많지 않다.
④ 병이 속해 있는 공식적 사회화 기관의 개수는 ○○대학교의 1개이고, 정이 속해 있는 2차적 사회화 기관의 개수는 ○○대학교, 학생회의 2개로 전자와 후자는 같지 않다.
⑤ 갑과 병이 함께 속해 있는 자발적 결사체는 창업 동아리가 존재하나, 을과 정이 함께 속해 있는 비공식적 사회화 기관은 존재하지 않는다.

10 정답: ③

T 시기에 (가)는 A와 C 모두에 해당한다. 이에 따라 A와 C는 각각 하위문화와 반문화 중 하나인 것을 알 수 있으며, B는 주류 문화인 것을 알 수 있다. 그리고 T+1 시기에 (가)는 A에만 해당하는데, 이에 따라 A는 하위문화, C는 반문화인 것을 알 수 있다.

③ T+1 시기와 달라 T 시기에 (다)는 주류 문화이므로 갑국 전체 구성원 간 문화적 동질성을 드러내는 문화이다.

오답 풀이

① 하위문화와 반문화 모두 시간이 지나면서 주류 문화로 변화할 수 있다.
② 한 사회에서 반문화를 향유하는 사람도 주류 문화를 향유한다.
④ T 시기와 달리 T+1 시기 (가)와 같은 문화는 반문화가 아닌 하위문화이다. 그리고 '조선 후기 천주교 문화'는 반문화이므로 해당 사례로 들 수 없다.
⑤ T 시기와 T+1 시기 (나)와 같은 문화는 주류 문화이다. 그리고 '특정 지역에서 나타나는 사투리 문화'는 하위문화이므로 해당 사례로 들 수 없다.

11 정답: ①

① ㉠은 갑이 속한 공식 조직이고, 을은 갑의 같은 과 선배이므로 ㉠은 을이 속한 공식 조직이기도 하다.

오답 풀이

② ㉢은 갑의 역할 행동에 대한 보상에 해당하나, ㉡은 사회에서 주어진 제재가 아니기에 갑의 역할 행동에 대한 제재가 아니다.
③ ㉤은 '㉣에 따른' 을의 역할 행동으로 볼 수 없다.
④ ㉥은 지위가 아니기에, 을의 성취 지위 또한 아니다.
⑤ ㉧은 두 가지 이상의 역할이 충돌하는 상황이 아니기에 을의 역할 갈등이 아니다.

12 정답: ④

A는 관료제, B는 탈관료제이다.

ㄴ. 관료제는 탈관료제에 비해 중간 관리층의 비중이 높다.

ㄹ. 탈관료제는 관료제에 비해 업무 담당자에게 주어진 재량권이 크다.

오답 풀이

ㄱ. 관료제는 탈관료제에 비해 구성원이 창의성을 발휘하기 용이하지 않다.

ㄷ. 탈관료제는 관료제에 비해 과업 수행 절차의 예측 가능성이 낮다.

13 정답: ⑤

다음 글에 나타난 사회 변동의 방향을 보는 필자의 관점은 순환론이다.

ㄱ. 사회의 변동이 항상 진보와 발전을 의미하는 것은 아니라는 비판을 받는 것은 진화론이다.

ㄴ. 사회는 미분화된 상태에서 분화된 상태로 변동한다고 보는 것은 진화론이다.

오답 풀이

ㄷ. 순환론은 사회 변동을 동일한 과정의 주기적 반복으로 설명한다.

ㄹ. 순환론은 운명론적 시각에서 사회 변동을 설명한다.

14 정답: ②

제시된 사례에서 학창 시절 갑의 일탈 행동은 차별 교제 이론을 통해, 성인이 된 후 갑의 일탈 행동은 머튼의 아노미 이론을 통해, 이민 이전 을의 일탈 행동은 뒤르켐의 아노미 이론을 통해 설명할 수 있다. 따라서 A는 차별 교제 이론, C는 머튼의 아노미 이론, B는 뒤르켐의 아노미 이론이고, D는 낙인 이론임을 알 수 있다.

② 차별 교제 이론은 뒤르켐의 아노미 이론과 달리 일탈 행동이 타인과의 상호 작용 과정에서 학습된다고 본다.

오답 풀이

① 이민 이후 을의 일탈 행동들은 낙인 이론을 통해 설명할 수 있다. 따라서 ㉠은 C가 아닌 D이다.

③ 일탈 행동에 대한 대책으로 문화적 목표를 달성할 수 있는 제도화된 기회의 확대를 중시하는 것은 머튼의 아노미 이론이다.

④ 1차적 일탈이 2차적 일탈로 이어지는 과정에 주목하는 것은 낙인 이론이다.

⑤ 낙인 이론은 일탈 행동을 규정하는 객관적 기준이 존재하지 않는다고 본다.

15 정답: ①

A는 공공 부조, B는 사회 보험이다.

t년과 t+10년의 A에만 해당하는 수급자, B에만 해당하는 수급자, A와 B 중복 수급자 비율(%)은 아래 표와 같다.

구분	t년	t+10년
A에만 해당하는 수급자	㉠-6	5
B에만 해당하는 수급자	20	15
A와 B 중복 수급자	6	5

t년의 갑국 인구를 100, t+10년의 갑국 인구를 100k로 둘 수 있으며, 이에 따라 t년과 t+10년의 A에만 해당하는 수급자, B에만 해당하는 수급자, A와 B 중복 수급자 수를 아래 표와 같이 둘 수 있다.

구분	t년	t+10년
A에만 해당하는 수급자	㉠-6	5k
B에만 해당하는 수급자	20	15k
A와 B 중복 수급자	6	5k

t년 대비 t+10년의 B에만 해당하는 수급자 수 변화율이 35%이므로 $\{(15k-20)/20\} \times 100\% = 35\%$인 것을 알 수 있으며, 이에 따라 15k=27, k=1.8인 것을 알 수 있다. 따라서 t+10년 A에만 해당하는 수급자는 9, A와 B 중복 수급자도 9인 것을 알 수 있다.

t년 대비 t+10년의 A에만 해당하는 수급자 수 변화율이 -25%이므로 $\{(9-㉠+6)/(㉠-6)\} \times 100\% = -25\%$인 것을 알 수 있으며, 이에 따라 3㉠=54, ㉠=18인 것을 알 수 있다. 또한 A와 B 중복 수급자는 t년이 6, t+10년이 9이므로 ㉡%=$\{(9-6)/6\} \times 100\% = 50\%$, ㉡=50인 것을 알 수 있다.

위에서 구한 정보를 바탕으로 t년과 t+10년의 A에만 해당하는 수급자, B에만 해당하는 수급자, A와 B 중복 수급자 비율(%)을 표에 정리하면 다음과 같다.

구분	t년	t+10년
A에만 해당하는 수급자	12	5
B에만 해당하는 수급자	20	15
A와 B 중복 수급자	6	5

또한 t년과 t+10년의 A에만 해당하는 수급자, B에만 해당하는 수급자, A와 B 중복 수급자 수를 표에 정리하면 다음과 같다.

구분	t년	t+10년
A에만 해당하는 수급자	12	9
B에만 해당하는 수급자	20	27
A와 B 중복 수급자	6	9

① ㉡에 들어갈 값은 50, ㉠에 들어갈 값은 18로 전자는 후자의 3배 이하이다.

오답 풀이

② t년에 전체 인구 중 강제 가입의 원칙이 적용되는 사회 보험에만 해당하는 수급자 비율은 20%, A와 B 중복 수급자 비율은 6%로 전자는 후자의 3배가 아니다.

③ 수급자에 대한 부정적 낙인이 발생할 수 있는 공공 부조만의 수급자 비율은 t년이 12%, t+10년이 5%로 전자는 후자의 2배가 아니다.

④ t년에 사전 예방적 성격이 강한 사회 보험만의 수급자 수
   는 20, t+10년에 사후 처방적 성격이 강한 공공 부조의
   수급자 수는 18로 전자는 후자보다 많다.
⑤ t년 대비 t+10년의 수급자 수 증가율은 수혜자 비용 부담
   원칙이 적용되는 사회 보험이 {(36-26)/26}×100%=약
   38%, 그렇지 않은 공공 부조가 {(18-18)/18}×100%=0
   %로 전자가 후자보다 높다.

16 정답: ⑤

다음 글은 현대 사회에 점점 다양한 종류의 정보들이 확산하
고, 이렇게 확산한 정보가 허위 정보일 때 우리 삶에 닥칠 수
있는 폐해에 대해 역설하고 있다. 따라서 다음 글에서 도출할
수 있는 정보 사회의 문제점은 '거짓된 정보의 유포로 인한
폐해가 증가하고 있다.'이다.

17 정답: ④

A는 절대적 빈곤, B는 상대적 빈곤이다.
④ 절대적 빈곤은 사회 구성원의 소득 분포 상태를 고려하지
   않는 개념이라는 평가를 받는다.

오답 풀이

① 절대적 빈곤을 판단하는 기준선과 상대적 빈곤을 판단하는
   기준선은 모두 시간과 장소에 관계없이 보편적으로 작용하
   지 않는다.
② 한 사회에서 전체 빈곤율은 A에 따른 빈곤율과 B에 따른
   빈곤율을 더한 것이 아니라, A에 따른 빈곤율과 B에 따른
   빈곤율 중 더 높은 것이다.
③ 상대적 빈곤과 절대적 빈곤은 모두 객관화된 기준에 따라
   측정된다.
⑤ 상대적 빈곤은 각자의 소득 수준이 다른 사람에 비해 충분
   하지 않다고 느끼는 상태를 의미하지 않는다.

18 정답: ④

다음 사례에서는 환경 보호 단체들이 주도한 해양 플라스틱
쓰레기 반대 운동은 법제화라는 직접적인 목표를 이루지 못했
으나, 많은 시민들이 일회용 플라스틱 사용을 줄이는 생활 습
관을 실천하는 결과, 그리고 일부 기업이 친환경 포장재를 실
험적으로 도입하고 학교에서는 환경 교육 시간에 플라스틱 문
제를 다루는 사례가 증가하는 결과를 낳은 양상이 나타난다.
따라서 다음 사례에 부각된 사회 운동의 특징으로 가장 적절
한 것은 '성공 여부와 관계없이 사회 의식이나 문화에 변화를
촉발할 수 있다.'이다.

19 정답: ②

'개인의 행위를 강제하는 사회 구조를 중시하는가?'의 질문에
대한 B의 답변은 '아니요'이므로 B는 상징적 상호 작용론이
고, A와 C는 기능론과 갈등론 중 하나이며, 해당 질문에 대
한 A와 C의 답변은 모두 '예'이다.
C의 경우 응답 '예'의 개수는 1개이므로 '사회 각 부분이 상
호 의존적 관계를 맺는다고 보는가?'의 질문에 대한 C의 응답
은 '아니요'이다. 따라서 C는 갈등론이고, A는 기능론이다.

A의 경우 첫 번째, 세 번째 질문에 대한 응답이 '예'이므로
두 번째, 네 번째 질문에 대한 응답이 '아니요'이며, C의 경우
첫 번째 질문에 대한 응답이 '예'이므로 두 번째, 세 번째, 네
번째 질문에 대한 응답이 '아니요'이다. B의 경우 두 번째 질
문에 대한 응답이 '예'이므로 (가)에 대한 응답이 '예'이면 ㉠
에 들어갈 것은 2개, '아니요'이면 ㉠에 들어갈 것은 1개이다.
ㄱ. 기능론은 갈등론과 달리 사회적으로 공유된 가치와 합의
    를 중요시한다.
ㄷ. '상황에 대한 개인의 주관적인 의미 부여을 강조하는가?.'
    에 대한 상징적 상호 작용론의 응답은 '예'이므로 해당 질
    문이 (가)에 들어간다면 ㉠에 들어갈 것은 '2개'이다.

오답 풀이

ㄴ. 인간을 자율성을 지닌 능동적인 존재로 보는 것은 상징적
    상호 작용론이다.
ㄹ. ㉠에 '1개'가 들어간다면 (가)에는 기능론, 상징적 상호
    작용론, 갈등론 모두 '아니요'로 답할 질문이 들어가야 한
    다. 그러나 '사회를 유기체와 유사하다고 보는가?'에 대한
    기능론의 답변은 '예'이므로 해당 질문은 (가)에 들어갈
    수 없다.

20 정답: ③

갑국과 을국의 t년 전체 인구는 동일하므로 해당 인구를 100
으로 둘 수 있으며, t년 대비 t+50년 전체 인구의 증가율은
갑국이 100%, 을국이 50%이므로 t+50년 전체 인구는 갑국
이 200, 을국이 150인 것을 알 수 있다.
t년 갑국의 노년 부양비는 20이므로 노년 인구를 a, 부양 인구
를 $5a$로 둘 수 있으며, 이때 노령화 지수는 25이므로 유소년
인구는 $4a$이다. 그리고 전체 인구는 100이므로 $10a=100$,
$a=10$임을 알 수 있다. 또한 t년 을국의 노년 부양비는 40이므
로 노년 인구를 $6b$, 부양 인구를 $15b$로 둘 수 있으며, 이때
노령화 지수는 150이므로 유소년 인구는 $4b$이다. 그리고 전체
인구는 100이므로 $25b=100$, $b=4$임을 알 수 있다.
t년 대비 t+50년 갑국의 총부양비는 변하지 않으므로 해당
연도 갑국의 부양 인구는 100이며, 유소년 부양비는 감소하
므로 해당 연도 갑국의 유소년 인구는 80 미만, 노년 인구는
20 초과이다. 또한 t년 대비 t+50년 을국의 총부양비는 증가
하므로 해당 연도 을국의 부양 인구는 90 미만이며, 유소년
부양비는 변하지 않으므로 해당 연도 을국의 유소년 인구는
24 미만, 노년 인구는 36 초과이다. 위에서 구한 정보를 바
탕으로 연도별 각 국가의 연령별 인구를 표에 나타내면 다음
과 같다.

구분	갑국		을국	
	t년	t+50년	t년	t+50년
노년 인구	10	20 초과	24	36 초과
부양 인구	50	100	60	90 미만
유소년 인구	40	80 미만	16	24 미만
전체 인구	100	200	100	150

③ 유소년 인구와 노년 인구의 합은 t+50년 갑국이 100, t년
   을국이 40이다. 따라서 전자는 후자의 2.5배이다.

오답 풀이

① 유소년 인구는 t년 갑국이 40, t+50년 을국이 24 미만이
   다. 따라서 유소년 인구는 t+50년 을국이 t년 갑국보다
   작으므로 양육에 대한 사회적 비용은 t+50년 을국이 t년
   갑국보다 작다.
② 노년 인구는 t년 을국이 24, t+50년 갑국이 20 초과이다.
   따라서 노년 인구는 t+50년 갑국과 t년 을국 중 어떤 국
   가가 더 많을지 모르므로 노인 일자리 창출의 필요성 정
   도가 t+50년 갑국이 t년 을국보다 클지 여부 또한 알 수
   없다.
④ 전체 인구 중 부양 인구 비율은 t+50년 을국이 60% 미
   만, t년 을국이 60%로 전자는 후자보다 높지 않다.
⑤ 전체 인구 중 노년 인구 비율은 t+50년 갑국이 10% 초
   과, t년 갑국이 10%로 전자는 후자보다 낮지 않다.

예상 등급 컷		
1등급	2등급	3등급
41점	38점	34점